Attilio Bolzoni
DIE Mafia

100 Fragen – 100 Antworten

Aus dem Italienischen
von Walter Kögler und Rita Seuß

Klett-Cotta

Die Übersetzer danken dem Deutschen Übersetzerfonds für die Förderung ihrer Arbeit.

Klett-Cotta
www.klett-cotta.de
Die Originalausgabe erschien 2010 bei Bompiani, FAQ BOOKS
© 2010 RCS Libri S.p.A., Mailand
Für die deutsche Ausgabe
© 2012 by J. G. Cotta'sche Buchhandlung Nachfolger GmbH, gegr. 1659, Stuttgart
Alle Rechte vorbehalten
Printed in Germany
Schutzumschlag: Rothfos & Gabler, Hamburg
Gesetzt aus der The Serif von r&p digitale medien, Echterdingen
Auf säure- und holzfreiem Werkdruckpapier gedruckt
und gebunden von GGP Media GmbH, Pößneck
ISBN 978-3-608-94734-2

Bibliografische Information der Deutschen Nationalbibliothek
Die Deutsche Nationalbibliothek verzeichnet diese Publikation in der Deutschen Nationalbibliografie; detaillierte bibliografische Angaben sind im Internet über ‹http://dnb.d-nb.de› abrufbar.

Inhalt

Ausführliches Inhaltsverzeichnis

Wer unter Ihnen meint, wenn ich über Verbrechen spreche, müsse ich mich mit der Mafia befassen, den muss ich enttäuschen, oder vielmehr, er kann beruhigt sein. Über die Mafia wurde schon so viel geredet und man hat mit diesem Wort schon so viel Missbrauch getrieben, dass man es, um ehrlich zu sein, nicht mehr hören kann, ohne Überdruss und Abscheu zu empfinden.

Roderico Pantaleoni, königlicher Generalstaatsanwalt am Berufungsgericht Palermo, bei der Eröffnung des Gerichtsjahrs, Januar 1902

Wenn ich die finde, die zehn Staffeln von *Allein gegen die Mafia* gedreht und Bücher über die Mafia geschrieben und uns damit vor aller Welt blamiert haben, werde ich sie eigenhändig erwürgen, das schwöre ich.

Silvio Berlusconi, November 2009

Vorwort zur deutschen Ausgabe

»Mafia« ist das vielleicht weltweit bekannteste italienische Wort. Früher kannten wir nur eine Mafia: die sizilianische. Man erzählte Geschichten über ihre angeblich uralten, ja edlen Ursprünge und ging davon aus, dass sie ihre Macht ausschließlich auf dieser Insel zwischen Europa und Afrika ausübte.

Vor fünfzig Jahren wurde sie für tot erklärt. In den Berichten der Sicherheitsbehörden fand sie keine Erwähnung, und in den Statistiken zur Kriminalität in Palermo wurde sie übergangen. Wissenschaftler taten sie als folkloristisches Phänomen ab, und in den Wörterbüchern der italienischen Sprache aus den sechziger Jahren hieß es unter dem Stichwort *Mafia*: »Vereinigung von Gewalttätern und Kriminellen, die einst Sizilien unsicher machte«. Die Mafia agierte im Verborgenen.

Nach einem Jahrhundert in den Zitronen- und Orangenhainen der Conca d'Oro und den großen Landgütern des Inselinnern – 1865 wurde die Mafia in einem Bericht des Präfekten von Palermo an den Innenminister erstmals namentlich erwähnt – war diese geheime Sekte in eine neue Haut geschlüpft. Sie hatte sich in der sizilianischen Gesellschaft eingenistet, in das Wirtschaftsgeschehen eingeschlichen und die Latifudien eines Landadels in Besitz genommen, der sein Vermögen längst aufgebraucht hatte. Jetzt war sie nahezu unantastbar. Ihre Stärke war es schon immer gewesen, sich zu verändern, um dieselbe zu bleiben; sich anzupassen, um ihre Kontinuität zu sichern. Die Mafia der Latifundien hatte sich zur Baumafia, später zur Drogenmafia und zur Wirtschaftsmafia gewandelt und von Jahrzehnt zu Jahrzehnt immer wieder neue Territorien und neuen Reichtum erobert.

Zunächst fasste sie in Amerika Fuß, wo Anfang des 20. Jahrhunderts Millionen sizilianische Auswanderer ihr Glück suchten. Dann erschloss sie sich Asien mit seinen Opiumfeldern im Goldenen Dreieck zwischen Laos, Burma und Thailand. Schließlich sickerte sie lautlos nach Europa ein, wo die Bosse ihre »Botschaften« einrichteten und ihre Finanzabenteuer in Spanien und Großbritannien, Deutschland und Frankreich begannen: in jedem Land eine bestimmte Branche, ein bestimmter Wirtschaftszweig, schmutziges und sauberes Geld, legale und illegale Geschäfte, fernab von Sizilien, das immer die Schaltzentrale blieb, das Herrschaftsgebiet der großen Bosse und das Schlachtfeld für Heerscharen von Auftragskillern.

Aber die Mafia – von den Mafiosi *Cosa Nostra* genannt, »unsere Sache« – brauchte stets die politische Macht, um zu überleben und sich auszubreiten. Und sie brauchte Komplizen bei der Polizei, die Protektion von Richtern und Staatsanwälten, Priestern, Ärzten, Ingenieuren, Steuerberatern und Regionalverwaltungen: ein dicht geknüpftes Netz von Mitwissern, das bis heute existiert. Zwischen den Paten und der Macht gab es schon immer enge Verflechtungen. Zur Zeit der Einigung Italiens 1861 wurden die Unterstützer der Mafia in Wirtschaft und Staat die »Übeltäter der Mittelklasse« genannt. In den letzten Jahren begann man von einem »mafiosen Bürgertum« zu sprechen, das scheinbar Recht und Gesetz respektiert, in Wirklichkeit aber die militärische Struktur der Cosa Nostra unterstützt. In Palermo und Sizilien war die Mafia nie ein Fremdkörper, sondern stets Teil der Macht.

Dieses Buch erzählt die Geschichte der Cosa Nostra seit ihren Anfängen, die endlose Kette von Absprachen und Erpressungen, Verhandlungen und Flucht in den Untergrund. Totò Riina, der oberste Boss von Corleone, lenkte die Mafia fast ein Vierteljahrhundert lang von seinem Versteck aus. Auch Bernardo Provenzano, ein weiterer Boss aus Corleone, stand dreiundvierzig Jahre lang auf der Fahndungsliste, konnte sich aber dennoch unweit seines Heimatorts frei bewegen. Wie ein Phantom.

Bosse wie Riina und Provenzano, inzwischen weit über achtzig, hüten die schrecklichen Geheimnisse jener jahrzehntelangen Geschichte der Absprachen zwischen der sizilianischen Cosa Nostra und staatlichen Stellen. Sie sind mehrfach zu lebenslanger Haft verurteilt und sitzen ihre Strafe in unzugänglichen Gefängnistrakten ab. Sie kennen sämtliche Machenschaften, die es der Cosa Nostra ermöglicht haben, gegen Ende des 20. Jahrhunderts zur wichtigsten kriminellen Organisation der westlichen Welt zu werden.

Ein unaufhaltsamer Aufstieg, bis die sizilianische Mafia dem italienischen Staat plötzlich den Krieg erklärte. Zuerst mit einer Reihe von Morden an prominenten Persönlichkeiten – Politikern aus Regierung und Opposition, Kriminalbeamten, Präfekten, Carabinieri-Offizieren, Regionalpräsidenten, Staatsanwälten – und schließlich mit dem großen Coup: der Ermordung der Untersuchungsrichter Giovanni Falcone und Paolo Borsellino, die dem Kampf gegen die Cosa Nostra ihr Leben gewidmet hatten.

Mit den Anschlägen vom Sommer 1992 (Falcone wurde im Mai, Borsellino im Juli ermordet) schwenkte die Cosa Nostra um zu einer völlig neuen Strategie des Terrors: zum Angriff auf die Institutionen. Die Ermittlungen zu diesen Bombenanschlägen sind bis heute nicht abgeschlossen. Man versucht herauszufinden, ob die Bosse dazu angestiftet wurden, die Attentate zu planen, die das Land destabilisierten. Noch nach all den Jahren wird nach einem »externen Auftraggeber« gefahndet, dem man bisher allerdings nicht auf die Spur kam.

Jedenfalls hat die Cosa Nostra mit diesen Bomben vermutlich ihr eigenes Ende besiegelt. Nach 1992 hat der Staat die sizilianische Mafia – zumindest auf militärischer Ebene – so entschlossen bekämpft wie nie zuvor. Der polizeiliche und strafrechtliche Druck führte zur Zersplitterung der »Familien« und zur Festnahme nahezu aller ihrer Bosse. Das kriminelle System Italiens jedoch wurde nach den Anschlägen des Jahres 1992 von der 'Ndrangheta gerettet, der kalabrischen Mafia, die mehr als fünfzig Jahre unbehelligt agieren konnte. Von ihrer Herkunftsregion Kalabrien aus errang sie bald die unangefochtene Führung im Drogenschmuggel von Australien bis Deutschland, von den großen holländischen Seehäfen bis zu den Küsten Portugals. Heute, im 21. Jahrhundert, ist die 'Ndrangheta an die Stelle der Cosa Nostra getreten. Von einer Mafia zur anderen exportiert Italien in jeder Epoche seine Kriminalität in den Rest der Welt.

Die Zukunft wird entscheiden, ob es der Cosa Nostra gelingt, sich von ihrer derzeitigen schweren Krise zu erholen, oder ob sie im Gegenteil untergehen und von anderen kriminellen Organisationen überlagert wird. Leonardo Sciascia, einer der bedeutendsten sizilianischen Schriftsteller des 20. Jahrhunderts, hatte schon 1979 von der »Palmengrenze« gesprochen, »die immer weiter vom Süden in den Norden hinaufwandert«. Mit diesem Bild – Palmen gedeihen in Sizilien prächtig – wollte der Schriftsteller zum Ausdruck bringen, dass ganz Italien und zuletzt auch Europa der Verseuchung durch die Mafia erliegen werden. Er warnte vor der Gefahr einer mafiosen Ansteckung, einer »Sizilianisierung« weit entfernter Länder und Regionen. Wie wir heute wissen, hatte er mit seiner Befürchtung recht. Wer weiß, wie weit heute, im Jahr 2011, die »Palmengrenze« bereits vorgerückt ist.

Attilio Bolzoni, Juni 2011

I Was ist die Mafia?

1. Was heißt »Mafia«?

Mafia ist das vielleicht weltweit bekannteste italienische Wort. Es findet sich in den Wörterbüchern und Lexika aller Länder, von Lateinamerika bis Australien und vom Maghreb bis Japan. Mit ziemlicher Sicherheit hat es seinen Ursprung im arabischen *maha fat*, das soviel wie *Schutz, Immunität* bedeutet.

Das Wort »Mafia« hatte vor hundert Jahren eine andere Bedeutung als in den fünfziger und sechziger Jahren des 20. Jahrhunderts oder nach der Ermordung der Untersuchungsrichter Giovanni Falcone und Paolo Borsellino. Jede Epoche hatte ihre eigene Mafia.

2. Was ist die Mafia?

Sie ist eine Geheimorganisation mit ihren Regeln und ihren Bossen, ihren Territorien und ihrem Heer von Mördern, die sich als Ehrenmänner bezeichnen.

Die Kriminalität der Mafia ist anders als die gewöhnliche Kriminalität. Die gewöhnliche Kriminalität war immer ein Randphänomen der Gesellschaft und wurde vom Staat stets bekämpft. Die Kriminalität der Mafia dagegen war stets Teil der Gesellschaft und wurde vom Staat geschützt.

3. Seit wann gibt es die Mafia?

Seit dem 25. April 1865. An jenem Tag tauchte das Wort »Mafia« zum ersten Mal in einem Bericht auf, den der Präfekt von Palermo, Filippo Antonio Gualterio, an den Innenminister schickte. Über die Mafia redet – und schwafelt – man seit 150 Jahren.

Auch wenn 1865 das offizielle Entstehungsdatum ist, so begann die »Inkubationszeit« der Mafia doch mindestens hundert Jahre früher: unter den Bourbonen, im Königreich beider Sizilien. Damals munkelte man von Sekten, Bünden und Bruderschaften unter dem Kommando eines Anführers, der ein Landbesitzer, eine prominente Persönlichkeit oder gar ein Priester sein konnte.

Zwei Jahre vor Gualterios Bericht wurde in Palermo ein Theaterstück in sizilianischem Dialekt aufgeführt, das den Titel trug: *I mafiusi della Vicaria* (Vicaria war das alte Gefängnis der Stadt). Doch in dieser volkstümlichen Komödie, die Gaspare Mosca geschrieben und Giuseppe Rizzotto 1863 erfolgreich inszeniert hatte, kam »Mafiosi« nur im Titel vor.

4. Wo ist die Mafia entstanden?

In den Latifundien der Provinzen im Inselinnern, in Palermo und vor allem in den ländlichen Gebieten rund um die Stadt: in den Zitronen- und Orangengärten der Ebene von Palermo, die einst Conca d'Oro, Goldenes Becken, genannt wurde, aber auch im gesamten Küstenstreifen von Cefalù bis zur Westspitze Siziliens. Dort war die Mafia, wie die Präfekten in ihren Berichten Ende des 19. Jahrhunderts schrieben, »in den Sitten und Gebräuchen verwurzelt und wurde mit dem Blut vererbt«.

Ihre Ursprünge liegen also vor allem im Großraum Palermo und in den Latifundien, von denen sich im Lauf der Jahrzehnte die Barone, Grafen und »Ritter« zurückzogen. An ihrer Stelle schwangen sich die *campieri* (Feldhüter) und *soprastanti* (Aufseher) zu Herren auf. Sie standen zwischen den Landbesitzern und den Halbpächtern *(mezzadri)* und wurden dafür bezahlt, dass sie die Interessen der Aristokraten gegen die Bauern verteidigten, die das Land für sich beanspruchten.

»Von Polizzello aus wird ganz Sizilien verteidigt.« Dieser Schlachtruf erscholl noch Mitte des vorigen Jahrhunderts über die ganze Insel. Polizzello war ein Latifundium an der Grenze zwischen den Provinzen Palermo, Agrigent und Caltanissetta. Mit der großen Landreform von 1950 waren die Feldhüter von Mittelsmännern zu Landbesitzern aufgestiegen. Etwa 500 000 Hektar sizilianischen Bodens waren in die Hand der Familien Genco Russo und Vizzini im Inselinnern, Di Carlo in der Provinz Agrigent und Licari in der Provinz Trapani gelangt. Die Caruana und die Cuntrera aus Siculiana waren die Feldhüter des Barons Agnello und Francesco Messina Denaro Feldhüter der D'Alì aus Trapani gewesen. Die Familie des Bosses Michele Greco betreute die Ländereien der Adelsfamilie Tagliavia und eignete sich dann ihren Grundbesitz einschließlich des Guts Verbumcaudo an: 130 Hektar, die vom Madonien-Gebirge bis zum Fluss Imera hinunterreichten. Auch Luciano Liggio war Feldhüter gewesen und hatte das Gut Strasatto bei Corleone verwaltet.

Die Adligen waren inzwischen alle in die Stadt gezogen und verprassten dort ihr Vermögen. In Palermo hatten sie Ende der fünfziger, Anfang der sechziger Jahre damit begonnen, ihre Ländereien mit herrlichen Villen aus dem 18. Jahrhundert zu verscherbeln – Bauland für aufstrebende Mafiosi im Tausch gegen Bargeld, das die mittlerweile völlig verarmten Barone so dringend benötigten. Hier entstanden dann die Mietskasernen der Mafia.

5. Was ist ein Ehrenmann?

Der Ehrenmann ist wie eine Spinne. Das ganze Leben lang spinnt er, knüpft er Netze von Freundschaften, Gefälligkeiten, Erpressungen und Bekanntschaften. Die Ehrenmänner betrachten sich als Repräsentanten einer kriminellen Elite und fühlen sich gewöhnlichen Kriminellen überlegen: Ihnen ist klar, dass sie die allerschlimmsten sind. Sie leben in einer geschlossenen Welt mit festen Regeln, die sie strikt einhalten müssen. Wer in die Cosa Nostra eintritt, kommt nicht mehr heraus. Die Cosa Nostra verlässt man nur als Toter.

6. Wie wird man ein Ehrenmann?

Einige werden erwählt, anderen ist es vorbestimmt. Einige werden in die Cosa Nostra aufgenommen, weil sie die Eigenschaften unter Beweis stellen, die für eine Mitgliedschaft in der Geheimorganisation erforderlich sind, andere folgen mit ihrem Beitritt einer Familientradition. Leonardo Messina, einem Ehrenmann aus der Provinz Caltanissetta, war es vorherbestimmt. »Ich vertrete die siebte Generation, die der Cosa Nostra angehört. Es war mir vom Schicksal vorherbestimmt, in meinem Heimatort San Cataldo eine wichtige Persönlichkeit zu werden. Und in gewisser Weise bin ich es ja auch geworden«, erzählte Messina im Sommer 1992, als er sich von der Mafia lossagte.

Die Ehrenmänner sind umgeben von ihren Leuten: einer Schar von Helfern und Unterstützern, die der Cosa Nostra von außen dienen. Sie sind die *avvicinati*, die Angesprochenen, all jene, die früher oder später in die Organisation eintreten könnten.

Über einen langen Zeitraum hinweg, der je nach Person zwei, zehn oder auch fünfzehn Jahre dauern kann, wird der *avvicinato* begleitet, beobachtet und unterwiesen, nach allen Regeln der Kunst. Die Mafiosi erziehen ihn, studieren ihn und bringen ihm das Schießen und Töten bei. Sie stellen ihn auf die Probe. Wenn sie meinen, er sei so weit, geben sie ihm zu verstehen, dass er bald in die Organisation eintreten kann. Das entscheidende Moment für diesen mafiosen Werdegang ist der Initiationsritus.

Früher hatte diese Zeremonie Ähnlichkeit mit einem Fest. Der Neuling wurde von seinem Paten allen anderen Mitgliedern der Familie vorgestellt, er wurde in die ersten Geheimnisse der Cosa Nostra eingeweiht, und zwar unmittelbar nach der *punciuta* (bei der die Kuppe des Zeigefingers der rechten Hand – der Schießhand – mit einer Nadel angestochen wird) und nach dem Treueschwur auf ein Heiligenbildchen, das in seinen Händen verbrannt wird. Damit war der »Angesprochene« eingebunden (*combinato*). Die Palermitaner benutzten für die *punciuta* den Dorn einer bitteren Orange. Man sagt, die Familie Di Cristina aus Riesi habe eine goldene Ansteckknadel benutzt.

> Die Cosa Nostra nimmt nicht jeden auf. Die Universität des Verbrechens fordert zunächst Tapferkeit, die Fähigkeit, Gewaltakte auszuführen, somit auch zu töten. Das sind jedoch nicht die wichtigsten Voraussetzungen. Töten zu können ist eine notwendige Fähigkeit, aber noch nicht ausreichend.
>
> *Giovanni Falcone, aus* Cose di Cosa Nostra, *1991.*
> *Dt. unter dem Titel* Inside Mafia, *1992*

7. Wie viele Mafiosi gibt es in Sizilien?

Über fünftausend. Die letzte Zählung der Ermittler ergab exakt 5113 Mafiosi, verteilt auf 181 Familien im Westen Siziliens und in deutlich geringerem Umfang im Osten. Die einzige Provinz der Insel, in der es keine Familie der Cosa Nostra gibt, ist Ragusa. Die meisten Mafiosi gibt es in Palermo: 3201 Mitglieder und 89 Familien. Viele von ihnen landeten nach den Attentaten im Sommer 1992 im Gefängnis, wo sie, teilweise zu mehrfacher lebenslanger Haft verurteilt, kaum noch eine Chance auf ein Leben in Freiheit haben.

Ihre Mitglieder nennen die Mafia nicht Mafia, sondern Cosa Nostra, »unsere Sache«. Sich selbst bezeichnen sie als »Ehrenmänner« oder »Soldaten«, nicht als Mafiosi. Die allgemein Cupola, Kuppel, genannte Regierung der Cosa Nostra heißt bei den Ehrenmännern »Kommission«.

8. Warum gibt es in Ragusa keine Cosa Nostra? Gibt es andere Dörfer oder Städte in Sizilien ohne Ehrenmänner?

Im südlichsten Streifen der Insel, der geographisch ein paar Dutzend Kilometer südlich von Tunis liegt, wurden bereits im späten 16. Jahrhundert (als Ragusa zur Grafschaft Modica gehörte, dem wichtigsten Feudalstaat Siziliens) Abertausende Hektar Land an die Bauern verteilt. Damit wurde Jahrhunderte früher als in anderen Gegenden Siziliens das Latifundiensystem aufgebrochen, das die Grundlage für die Entstehung der Mafia bildete – und damit ergab sich auch für den Landadel und das entstehende Bürgertum eine andere Entwicklung.

In den letzten vierzig Jahren versuchte die Mafia auch in Ragusa Fuß zu fassen, auch aufgrund der räumlichen Nähe zu kleineren Zentren der Cosa Nostra wie Riesi und Mazzarino, Niscemi und in jüngerer Zeit Gela. Jedenfalls verfügte die Cosa Nostra in Ragusa nie über eine eigene Familie, sondern lediglich über örtliche kriminelle Banden als Bezugspunkt.

Auch an einigen Orten im Osten der Insel hat die Cosa Nostra keine Vertreter. Die Sizilianer sagten früher selbst, dass es auf dieser Seite keine Mafia gibt. Daher nannten sie Messina *città babba*, die dumme, arglose Stadt: eine Stadt ohne Mafia. In Wahrheit ist die Cosa Nostra zwar in den westlichen Provinzen Siziliens entstanden, hat sich aber in den ersten Jahrzehnten des 20. Jahrhunderts auch auf die andere Seite ausgebreitet. Die erste Familie der Cosa Nostra entstand 1925 in Catania. Anfang der fünfziger Jahre zogen die Conti aus Palma di Montechiaro in der Provinz Agrigent nach Ramacca und baten die Familie von Catania um die Erlaubnis, dort eine weitere Mafiafamilie zu gründen. Städte wie Messina oder Syrakus wurden im Laufe der Zeit immer weniger »arglos« und immer mafialastiger.

9. Wie ist die Cosa Nostra aufgebaut?

Wie eine Pyramide. Ihre Basis bilden die Ehrenmänner, ihr Kern ist die »Familie«, die territorial organisiert ist und einen Ort oder ein Stadtviertel kontrolliert. Je nach Größe der Familie bilden die Ehrenmänner Gruppen aus zehn, zwanzig, manchmal auch dreißig Mitgliedern, die sogenannten *decine* (von *decina*, etwa zehn), mit einem *capodecina* (Zehnerführer) an der Spitze. Jede Familie hat einen Boss, der »Repräsentant« genannt wird. Der Boss hat einen Stellvertreter sowie einen oder mehrere Berater (*consiglieri*).

Mehrere Familien, in der Regel zwei oder drei, bilden einen Bezirk (*mandamento*). Die *capimandamento* (Bezirkschefs) wählen aus ihren Reihen den Chef der Provinzkommission, die das höchste Entscheidungsgremium auf territorialer Ebene darstellt. Wenn eine Familie keinen Boss hat, weil er im Gefängnis sitzt oder ermordet wurde, ernennt die Kommission einen Statthalter (*reggente*), bis ein neuer Boss bestimmt ist. Ende der siebziger, Anfang der achtziger Jahre des 20. Jahrhunderts richteten die Bosse auch ein provinzübergreifendes Gremium ein, um die Geschäfte und Interessen der Cosa Nostra in den verschiedenen Territorien der Insel zu regeln.

Vor dreißig Jahren verfügte die Cosa Nostra auch über eine Regionalkommission mit Giuseppe Calderone an der Spitze, einem Mafioso aus Catania, der aber nur ein Ehrenamt bekleidete. Ein paar Mafiaaussteiger, die als Kronzeugen mit der Justiz zusammenarbeiteten, sprachen darüber hinaus von einer »Weltkommission«, die jedoch in den Augen der Ermittler eher Phantasie als Realität ist.

10. Ist die Mafia auch heute noch so aufgebaut?

Diese Struktur hatte Bestand, bis Totò Riina die Organisation immer stärker zentralisierte. Er erweiterte die Bezirke willkürlich und zu seinem eigenen Vorteil und krempelte die geographischen Machtverhältnisse innerhalb der Mafia vollkommen um. Er allein legte die Grenzen eines Bezirks fest und bestimmte, welche Familien darin zusammengefasst wurden. Totò Riina entschied, dass die Cosa Nostra keine Geheimgesellschaft mehr sein sollte, in der es in gewisser Weise sogar »demokratisch« zuging, wie es der Mafioso Leonardo Messina beschrieben hatte: In manchen Familien (etwa des Viertels Santa Maria del Gesù in Palermo) wurde der »Repräsentant« nach einer internen Debatte gewählt. Riina, der Boss von Corleone, setzte dieser Tradition ein Ende, die fast eineinhalb Jahrhunderte lang befolgt worden war. Er bemächtigte sich der Cosa Nostra durch einen Putsch, der ihn zum Diktator machte und es ihm erlaubte, mindestens zwanzig Jahre lang die Spitze der Pyramide zu besetzen. Cosa Nostra (»unsere Sache«) wurde zu Cosa Sua (»seine Sache«).

11. Welche Regeln haben die Ehrenmänner?

Die erste Regel ist das Schweigen. Der Ehrenmann darf sich den anderen nicht zu erkennen geben, er darf nicht sagen, dass er zur Mafia gehört. Er weiß jederzeit genau, wie er sich zu verhalten hat. In einer auf dem Geheimnis beruhenden Gesellschaft kommt es einzig und allein darauf an, was man sagt und was man nicht sagt. Was gesagt wird, kann über Leben und Tod entscheiden.

Der Ehrenmann spricht wenig und hört viel zu. Einem anderen Ehrenmann gegenüber jedoch ist er verpflichtet, stets die Wahrheit zu sagen: Das ist eine weitere Regel der Cosa Nostra, die der internen Kommunikation dient. Die ist ohnehin gering, und gerade deshalb muss gewährleistet sein, dass die innerhalb der Organisation kursierenden Nachrichten stimmen.

Doch Regeln sind dazu da, dass man sie bricht, auch in Mafiakreisen. Die Ehrenmänner sagen nicht die Wahrheit, wenn sie einander befehden; sie sagen nicht die Wahrheit, wenn sie falsche Spuren legen wollen; sie sagen nicht die Wahrheit, wenn die Bosse ihren Gefolgsleuten gewisse heikle Angelegenheiten vorenthalten wollen.

Wenn der Ehrenmann etwas tut, was als ein schwerwiegendes Vergehen betrachtet wird, wenn er »krumm« ist, *storto*, wie sie es nennen, muss er sterben. Bei einem geringfügigeren Vergehen wird er entweder ins Aus gestellt (im Mafiajargon *posato*, »weggestellt«) oder »aus der Vertraulichkeit entlassen« (*messo fuori confidenza*). Der Ausgestoßene weiß nicht, warum er plötzlich außerhalb der Familie steht. Wer aus der Vertraulichkeit entlassen wurde, wird von seinem *capodecina* darüber informiert.

Auch wichtige Mafiabosse wurden kaltgestellt, zum Beispiel Tommaso Buscetta, der später zum Kronzeugen der Justiz wurde. Sein turbulentes Liebesleben mit drei Frauen und mehreren Geliebten war ein Lebensstil, der der Cosa Nostra nicht gefiel. Kaltgestellt wurde sogar Gaetano Badalamenti, der damals an der Spitze der Kommission von Palermo stand. Aber niemand hat je erfahren – und weder Buscetta noch sonst jemand hat es erzählt –, aus welchem Grund die anderen Bosse der Organisation diese Entscheidung trafen.

> Die Welt der Cosa Nostra ist voller Gesetze, Regeln und Richtlinien, die streng zu befolgen sind. Ein Ehrenmann darf sich beispielsweise nie aus freien Stücken einem anderen Ehrenmann vorstellen. Das hat einen einfachen Grund: Keiner der beiden hätte die Gewissheit, mit einem Mitglied der Organisation zu sprechen. Es muss immer ein dritter Ehrenmann dabei sein, der beide als Ehrenmänner kennt und für sie einsteht. Gewöhnlich sagt er bei der Vorstellung: »Er ist wie wir« (*lui è come a noi*). Oder: »Er ist von derselben Sache« (*questo è la stessa cosa*).
> Das Familienoberhaupt (*capofamiglia*) wird von allen Mitgliedern der Familie gewählt. Der Vizechef (*sottocapo*) wird vom Familienoberhaupt berufen, ebenso der Zehnerführer (*capodecina*) [...]. Das Familienoberhaupt behält stets das letzte Wort. Der Berater (*consigliere*) hat die Aufgabe, die Familie zusammenzuhalten und Ratschläge zum Wohl der Familie zu erteilen.
> Der Bezirk (*mandamento*) entspricht einer Familie, die einen Sitz in der Kommission hat.
> Der Kommission gehören alle Bezirkschefs (*capimandamento*) an [...]. Sie soll den Ausgleich unter den Familien und

innerhalb der Cosa Nostra herstellen und die heikelsten Probleme erörtern und lösen.

Man kann sich nicht von sich aus einem anderen unserer Freunde vorstellen, das tut ein Dritter. Man schaut die Frauen unserer Freunde nicht an.

Man macht sich nicht mit der Polizei gemein. Man besucht weder Kneipen, noch tritt man Vereinen bei. Man hat die Pflicht, für die Cosa Nostra jederzeit verfügbar zu sein, selbst wenn die Ehefrau kurz vor der Entbindung steht. Der Ehefrau ist Respekt zu zollen.

Man darf sich nicht Gelder aneignen, die anderen oder anderen Familien gehören.

Niemand kann der Cosa Nostra beitreten, der einen engen Verwandten in den Reihen der Ordnungskräfte hat, in dessen Familie es einen Fall von ehelicher Untreue gibt, der übles Verhalten zeigt oder die Werte der Moral nicht hochhält.

Aus den am 5. November 2007 im Versteck von Salvatore Lo Piccolo beschlagnahmten Papieren

12. Wozu ist ein Ehrenmann verpflichtet, was ist ihm verboten?

Da gibt es vieles, wenn auch in unterschiedlicher Gewichtung. Die Gebote und Verbote gelten heute noch wie vor hundert Jahren. Ende 2007 wurde im Versteck des palermitanischen Bosses Salvatore Lo Piccolo, der siebenundzwanzig Jahre lang untergetaucht war, ein Heft mit den Regeln der Cosa Nostra gefunden, eine Art Fibel für die *avvicinati*, denen früher oder später die Ehre zuteil werden sollte, der Organisation beizutreten.

Es handelt sich um einen Auszug dessen, was man als die »Verfassung« der Cosa Nostra bezeichnen könnte. Diese Regeln galten in den 1930er Jahren, als Melchiorre Allegra sie enthüllte, ein Arzt aus Gibellina, der den Carabinieri seine Mitgliedschaft in der Mafia gestand. Sie galten zur Zeit Tommaso Buscettas, und sie gelten noch heute, bei der Cosa Nostra der letzten Jahre.

Ehrenmännern ist es kategorisch verboten, sich an die Justiz zu wenden, jemanden anzuzeigen oder zu beschuldigen oder eine Zeugenaussage zu leisten. Ein Ehrenmann darf sich zur Lösung eines Problems niemals an den Staat wenden. Eine Ausnahme allerdings gibt es: wenn ihm sein Auto gestohlen wird. In diesem Fall darf der Mafioso bei der Polizei Anzeige erstatten. So ist er auf der sicheren Seite, falls der Dieb eine Straftat begeht.

Ein anderes Verbot der Cosa Nostra geht in die späten 1970er Jahre zurück, als die Kommission den Entschluss fasste, in Sizilien keine Entführungen mehr durchzuführen. Die Corleoneser hatten ohne Wissen der anderen Familien gerade Luciano Cassina entführt, den Sohn des größten Unternehmers von Palermo. Damals organisierte bereits seit ein paar Jahren Luciano Liggio, der gleichfalls zu den Corleonesern gehörte, Entführungen in Mailand und in der Lombardei. Nun beschloss die Kommission von Palermo, künftig auf Entführungen zu verzichten, die nur Angst und soziale Spannungen schürten und die Cosa Nostra dem Druck polizeilicher Ermittlungen aussetzten. Vor allem aber, so die Argumentation der Mafiosi, lehne »die Bevölkerung derartige Aktionen vehement ab; und wir sind mit den Leuten und nicht gegen sie«.

Ein weiteres Verbot betrifft die Zuhälterei. Mit Sex Geld zu verdienen war für die sizilianischen Ehrenmänner schon immer unehrenhaft, im Unterschied zur amerikanischen Cosa Nostra, die sich seit jeher an den »Mädchen« bereichert hat. Dasselbe gilt für Glücksspiel und Wucher.

In den letzten Jahren allerdings verlangt die Cosa Nostra auch von den Betreibern von Spielhöllen und von den Wucherern in Palermo Schutzgeld (den *pizzo*). Die Mafiosi führen zwar selbst keine Spielhöllen und verleihen kein Geld gegen Wucherzinsen, holen sich aber trotzdem so oder so den Zaster, die *piccioli*, die bei Glücksspiel und Wucher anfallen.

13. Warum macht die Cosa Nostra Geschäfte, die sie als unehrenhaft betrachtet?

Die Cosa Nostra tut alles, was Reichtum verspricht, und findet dann immer einen Weg, um sich moralisch zu rechtfertigen und die eigenen Grundsätze zu wahren.

Im Herbst 1989 begann der Untersuchungsrichter Giovanni Falcone mit dem Verhör des Mafiaaussteigers Francesco Marino Mannoia. »Das Milieu der Schmuggler«, sagte Mannoia, »war für einen Ehrenmann wie mich wenig würdevoll.« Doch Mitte bis Ende der sechziger Jahre, als die Geschäfte der Cosa Nostra in eine Krise gerieten, wurden viele dieser Schmuggler zu Ehrenmännern gemacht, auch solche, die nach Ansicht der Mafia jener Zeit gar nicht die dafür notwendigen »Qualitäten« aufwiesen. So wie Tommaso Spadaro, der König der Kalsa, eines Viertels in der Innenstadt von Palermo: viel zu angeberisch, viel zu auffällig für die sprichwörtliche Diskretion der Ehrenmänner. Doch Spadaro half der Cosa Nostra, zu Geld zu kommen. Und so nahmen sie ihn in die Familie von Porta Nuova auf, wo Pippo Calò das Sagen hatte; auch Michele Zaza, der von der Insel Procida im Golf von Neapel stammt, wurde aufgenommen.

Bis vor nicht allzu langer Zeit war es undenkbar, dass ein Nichtsizilianer ein Ehrenmann werden konnte. Aber Tommaso Spadaro und Michele Zaza beherrschten den Zigarettenschmuggel im gesamten Tyrrhenischen Meer, und durch ihre Aufnahme in die ehrenwerte Gesellschaft bemächtigte sich die Cosa Nostra ihrer Schiffe, ihrer Routen und ihrer Kontakte. Und schon bald schmuggelten die Schiffe nicht mehr nur Zigaretten, sondern auch Drogen.

Der Kopf eines Mannes wurde auf dem rechten Vordersitz eines grünen Ford Escort gefunden, der auf der Piazza Giulio Cesare, fünfzig Meter vom Hauptbahnhof Palermo entfernt, in zweiter Reihe abgestellt worden war. Im Kofferraum fanden die Ermittler den Körper des Ermordeten. An der Windschutzscheibe des Fahrzeugs wurde um 11.35 Uhr ein Strafzettel wegen Falschparkens befestigt. Die Polizei musste Hunderte Neugierige auf Distanz halten, während sie auf den Staatsanwalt wartete. Das Opfer trug eine braune Hose und ein blaues T-Shirt. Laut dem Gerichtsmediziner war dem Mann mit einer Säge der Kopf abgeschnitten worden. Die Leiche hatte man in einen großen Müllsack gesteckt. Der Ermordete konnte identifiziert werden: Es handelt sich um Vito Riccobono, vierzig Jahre alt, der aus dem Viertel Kalsa nahe dem Hauptbahnhof stammte und wegen Zigarettenschmuggels vorbestraft war.

Nachrichtenagentur Ansa, 8. Juni 1983

14. Wann tötet die Cosa Nostra?

Wann immer sie es für notwendig erachtet. Wenn sie in einer Krise steckt, wenn ihr inneres Gleichgewicht gestört ist und sich die Probleme anders nicht mehr lösen lassen. Sie tötet auch, wenn sie mit jemandem abrechnen will.

Es gibt verschiedene Arten des Mafiamords: den präventiven und den demonstrativen. Die Mafia mordet präventiv, um eine Gefahr von der Organisation abzuwenden. Der demonstrative Mord dagegen dient als Warnung und bedeutet eine Drohung, die Angst erzeugt.

Präventiv war die Ermordung des Untersuchungsrichters Cesare Terranova am 25. September 1979, kurz bevor er sein Amt als Leiter der Ermittlungsbehörde von Palermo antreten konnte. Terranova hatte Ende der 1950er Jahre die Corleoneser entdeckt, als er zum Mafiakrieg ermittelte, den Luciano Liggio in Corleone bei Palermo gegen Michele Navarra entfacht hatte.

Als einen demonstrativen Mord kann man den Anschlag auf Mario Francese betrachten, den Gerichtsreporter des *Giornale di Sicilia*, der am 26. Januar 1979 gleichfalls von den Corleonesern getötet wurde. Sie brachten ihn zum Schweigen, doch seine Ermordung hatte einschüchternde Wirkung auf alle Journalisten, die über die Mafia schrieben.

Manche Mafiamorde sind präventiv und demonstrativ zugleich, etwa der an dem christdemokratischen Präsidenten der Region Sizilien, Piersanti Mattarella, am Dreikönigstag des Jahres 1980. Mattarella hatte kurz zuvor angekündigt, für alle leitenden Beamten der Region, die »Unantastbaren«, das Rotationsverfahren einzuführen, und eine Überprüfung der Vergabe von öffentlichen Bauaufträgen angeordnet, die die Gemeinde Palermo den Bossen zugeschanzt hatte. Er war entschlossen, in seiner Partei aufzuräumen und die sizilianische Democrazia Cristiana zu erneuern.

Wenn die Mafia früher nicht schoss, sondern sich ruhig und unauffällig verhielt, so war dies ein Zeichen dafür, dass innerhalb der Cosa Nostra alles gut lief, dass alles in Ordnung war. Wenn sie heute nicht schießt, dann deshalb, weil ihr die Kraft dazu fehlt, und vor allem, weil sie kein Interesse daran hat, in den Fokus der Öffentlichkeit zu treten: Sie möchte nicht zu viel Aufmerksamkeit auf sich lenken.

Es gab natürlich Phasen, in denen die Mafia schoss, um ihre Vormachtstellung zu behaupten – beispielsweise 1980/81, als der zweite Mafiakrieg die Corleoneser an die Macht brachte.

Der Mafiamord unterliegt strengen Regeln. Ohne die Genehmigung seines Familienoberhaupts darf ein Ehrenmann keinen Mord begehen, nicht einmal in dem Territorium, in dem er lebt. Wenn der Mord einen anderen Bezirk betrifft, ist seine Familie gezwungen, die Genehmigung des jeweiligen Bezirkschefs einzuholen. Das ist das Territorialitätsprinzip der Cosa Nostra.

Bei Morden an prominenten Persönlichkeiten – Richtern und Staatsanwälten, Politikern, Polizisten, Carabinieri-Offizieren und Journalisten – liegt die Entscheidung allein bei der Kommission.

15. Wie mordet die Cosa Nostra?

Wie es am zweckmäßigsten ist. Wenn die Öffentlichkeit erfahren soll, dass die Organisation jemanden umgebracht hat, ist ihre Handschrift erkennbar. Wenn sie die Sache lieber im Verborgenen hält, lässt sie die Leiche spurlos verschwinden. Ein solcher Mord heißt in Sizilien *lupara bianca*, »weiße Flinte«: eine Entführung ohne Rückkehr, ein Mord ohne Leiche.

Die *lupara bianca* ist die geräuschloseste Art, jemanden umzubringen, aber auch die komplizierteste, die am schwersten durchzuführende. Man muss das Opfer nämlich in eine Falle locken, und in der Regel ist die Zielperson schon alarmiert, sie ahnt bereits, dass sie erledigt werden soll. Wem kann es also gelingen, sie in einen Hinterhalt zu locken, wer kann sie dazu überreden, in eine Falle zu tappen? Ein guter Freund, ein Verwandter, ein Cousin, ein Onkel, ja sogar ein Bruder: jemand, der das volle Vertrauen des Opfers genießt und es verrät, um sein eigenes Leben zu retten. Man beruhigt das Opfer und wiegt es in Sicherheit. Es ringt sich dazu durch, ein Treffen zu akzeptieren, es geht hin und wird von vier Männern erdrosselt. Nach dem Mord findet man nur den abgestellten Wagen des Opfers, mit dem Schlüssel im Zündschloss. Keine Patronenhülsen. Kein Blut, keinen Toten, den die Familie betrauern kann, und keine Leiche, um polizeiliche Ermittlungen aufzunehmen. Die Mafiosi sagen, die *lupara bianca* sei die »sauberste« Art, jemanden umzubringen.

Während des Baubooms in den sechziger Jahren wurden viele dieser Leichen im frisch gegossenen Beton entsorgt. Man sagt, sie ruhen in den tragenden Wänden von Palermos Wohnhäusern. In den achtziger und neunziger Jahren wurden sie in Säure aufgelöst. Wo es keine Leiche gibt, gibt es auch kein Verbrechen: Ohne das *corpus delicti* gibt es auch kein Delikt. Die Schränke der Ermittlungsbehörden Siziliens – bei den Gerichten, den Mordkommissionen der Polizei und den Einsatzgruppen der Carabinieri – quellen über von Akten, auf deren Deckel nur der Buchstabe *M* für Mafioso, ein Kreuz und das Wörtchen »verschwunden« stehen.

Durch die *lupara bianca* kommen nicht nur Ehrenmänner zu Tode. Man lässt auch gefährliche Zeugen verschwinden: solche, die zu viel gesehen und zu viel gehört haben.

Es war fast neun Uhr abends, als er direkt vor seinem Haus in der Via delle Magnolie verschwand, einer Straße im neuen Teil Palermos. Nach Verlassen der Redaktion hatte er mit seinem BMW vor der Bar in der Via Pirandello angehalten und ein halbes Pfund gemahlenen Kaffee gekauft, drei Päckchen filterlose Zigaretten der Marke Nazionali und eine Flasche Bourbon. Er war gerade dabei einzuparken, als seine Tochter Franca, die am Tag darauf heiraten sollte, vom Fenster aus beobachtete, wie ihr Vater »mit zwei oder drei Männern sprach«. Dann fuhr der BMW plötzlich wieder los. Man fand den Wagen am nächsten Morgen am anderen Ende der Stadt. So ist Mauro De Mauro am Abend des 16. September 1970 verschwunden, für immer.

Er war ein Reporter von *L'Ora*, der Tageszeitung jenes anderen Palermo, das sich gegen üble Machenschaften und gegen die Mafia engagierte. Er wurde 1921 in Foggia geboren, ein Bruder war im Krieg ums Leben gekommen, ein anderer, Tullio, war ein angesehener Sprachwissenschaftler, der Jahre später Bildungsminister werden sollte. Wenige Tage vor seinem Tod hatte Mauro De Mauro seinen Kollegen in der Redaktion anvertraut: »Ich bin an einer Geschichte dran, die Italien erzittern lassen wird.«

Als Jugendlicher hatte De Mauro den Fürsten Junio Valerio Borghese kennengelernt und sich zum Dienst unter dessen Kommando in der Decima Mas gemeldet, der Marineinfanterie von Mussolinis Republik von Salò. 1945 setzte er sich unter falschem Namen nach Sizilien ab, 1960 trat er der Redaktion von *L'Ora* bei.

Jahre nach seinem Verschwinden gaben mehrere Mafiaaussteiger an, De Mauro sei von den Mafiosi Emanuele D'Agostino und Stefano Giaconia entführt und erdrosselt, seine Leiche im Flussbett des Oreto unweit der Mündung vergraben worden. Vorher aber habe man ihn »verhört«, um zu erfahren, ob er mit jemandem über den Staatsstreich gesprochen hatte, den Fürst Borghese gerade vorbereitete [vgl. Kap. 66]. Die Cosa Nostra war in ein Komplott mit den Generälen verstrickt. De Mauros Leiche wurde nie gefunden. Vierzig Jahre danach ist Mauro De Mauros Tod immer noch ein Rätsel.

Aus: Francesco Viviano, Mauro De Mauro,
La verità scomoda, *Reggio Emilia, 2009*

16. Hat die Mafia eine Vorliebe für bestimmte Waffen?

Früher war die klassische Mordwaffe der Mafia die *lupara*, eine Schrotflinte mit kurzem Lauf. Da die *lupara* aber unhandlich und wenig effizient ist, verwenden die Mafiosi heutzutage alles Mögliche, je nach den Umständen.

Die bei Mafiadelikten verwendeten Waffen geben viel mehr Aufschluss, als man auf den ersten Blick meinen könnte. Der

Waffentyp erklärt, wie die Organisation vorgegangen ist, um einen Mord zu verüben. Will man der Mafia auf die Schliche kommen, muss man in einem ersten Schritt untersuchen, welche Waffen sie einsetzt. In Sizilien sprechen die Waffen. Und auch die Toten sprechen.

Der sogenannte Mafiakrieg, der 1981 begann (vgl. v. a. Kap. 61), wurde mit einer Kalaschnikow eingeläutet, dem Sturmgewehr sowjetischer Bauart, das von den Ehrenmännern bis dahin noch nie benutzt worden war. Im April starb Stefano Bontate, der Boss der Mafia von Palermo, im Kugelhagel einer Kalaschnikow. Im Mai folgte Salvatore Inzerillo. Im Juni 1982 war Alfio Ferlito an der Reihe, ein Mafioso aus Catania. Am 3. September tötete dieselbe Kalaschnikow den Carabinieri-General Carlo Alberto Dalla Chiesa und seine Frau Emanuela Setti Carraro. Die ballistische Untersuchung ergab, dass eine Mafiagruppe eine andere bekämpft und auch den General und Polizeipräfekten umgebracht hatte. Damals verfügten die Ermittler noch nicht über eine solche Fülle an Kenntnissen über die Cosa Nostra wie heute. Niemand wusste, was in der Organisation wirklich vorging. Die Kalaschnikow war daher so etwas wie ein Fingerabdruck. Sie ebnete den Weg für weitreichende Ermittlungen.

17. Die Mafia tötet anders als andere kriminelle Organisationen. Folgt sie einem bestimmten Ritual?

Bei einem Mafiamord ist nie irgendeine Art von Fetischismus im Spiel. Man könnte meinen, wenn Mafiosi ihre Opfer in Säure auflösen, seien sie grausamer als andere Verbrecher. Während des Mafiakriegs haben sie viele Angehörige feindlicher Clans auf diese Weise spurlos verschwinden lassen – auch Giuseppe Di Matteo, den elfjährigen Sohn eines Mafiaaussteigers. Bei dieser Art zu töten geht es nicht darum, die eigene Grausamkeit vorzuführen, sondern allein um Zweckmäßigkeit. Wenn eine Leiche verschwindet, ist es viel schwerer, Ermittlungen zu führen, Indizien zu sammeln und Zeugen zu vernehmen. Die Mafiosi sind da sehr pragmatisch.

Während des Mafiakrieges sorgte die *incaprettamento* genannte Fesselungstechnik für Aufsehen: Dem Opfer wurden Fuß- und Handgelenke mit einem Seil auf dem Rücken zusammengebunden und das Seil um den Hals gelegt. Wenn dann die Beinmuskeln erschlafften, erdrosselte sich das Opfer selbst. Mehrere Mafiaaussteiger, von denen die Staatsanwälte wissen wollten, warum sie mit solcher Grausamkeit töteten, fielen aus allen Wolken: »Von wegen Grausamkeit«, antworteten sie, »wir haben sie auf diese Weise umgebracht, weil die Leichen dann leichter im Kofferraum zu verstecken und zu transportieren waren.«

Anfang der achtziger Jahre griff in Palermo eine Art Psychose um sich: Alle prüften das Heck der Autos, die in den Straßen der Stadt abgestellt waren. Wenn das Auto tiefer lag und die Stoßstange fast den Boden berührte, lief es einem kalt den Rücken hinunter: Das bedeutete, dass ein Gewicht – das Gewicht eines Toten – den Wagen nach unten drückte.

Giovanni Falcone musste oft an den sizilianischen Schriftsteller Leonardo Sciascia denken: »Er behauptet nicht umsonst, dass in Sizilien die schlimmsten Cartesianer leben.« Die Mafiosi handeln sehr rational: Sie töten nur, wenn es notwendig und zweckmäßig ist. Sie wägen immer das Pro und Contra eines Mordes ab, denn zuweilen kann ein toter Feind mehr Schaden anrichten als ein lebender.

18. Welches Verbrechen trug die deutliche Handschrift der Mafia?

Am bekanntesten ist die Ermordung Giovanni Falcones. Es war klar, dass die Cosa Nostra den Untersuchungsrichter ermorden würde: Sie hatte es ihm geschworen und wartete nur den günstigsten Augenblick ab. Die Entscheidung trafen Totò Riina und seine Corleoneser bereits im Dezember 1991. Gaspare Spatuzza, einer der letzten Kronzeugen der Justiz, sagte aus, schon im Frühjahr 1992 – noch vor dem tödlichen Attentat in Capaci – sei ein Anschlag auf Giovanni Falcone geplant gewesen. Die

Gewehre und Pistolen für Falcones Ermordung hatte Spatuzza selbst nach Rom gebracht. Die Mafiosi waren bereits vor einer Trattoria in Stellung gegangen, in der Falcone gern zu Abend aß. Es war nicht schwierig, ihn in Rom zu ermorden, da er sich stets ohne Eskorte bewegte. Es genügte ein traditioneller Anschlag mit zwei, höchstens drei Schützen; und auch der Fluchtweg war einfach. Trotz dieser günstigen Logistik erhielt Spatuzza den Befehl, nach Sizilien zurückzukehren.

Man wollte Giovanni Falcone nicht auf »einfache« Weise umbringen: Man wollte ein Blutbad. Und nicht in Rom, sondern in Palermo. Ein Hinterhalt in Rom mit Pistolen und Gewehren – »minderen Waffen«, wie Gaspare Spatuzza sagte – hätte eine ganz andere Bedeutung gehabt als ein blutiger Sprengstoffanschlag in Palermo, der einen gewaltigen Krater in die Autobahn riss. Dieses »terroristische« Muster sollte bei der Ermordung Falcones klar erkennbar sein. Die Cosa Nostra wollte den spektakulären Mord, sie wollte diesen Tod mit dieser Bedeutung versehen.

19. Welche Rolle spielen die Frauen in der Mafia heute?

Männer wie ich heiraten die passende Frau. Eine, die von der Cosa Nostra von Kindheit an überwacht wird, genau wie wir [...]. Das wichtigste Kapital eines Ehrenmannes ist eine Ehefrau, die sich ihrer Rolle stets bewusst bleibt.

Leonardo Messina, Ehrenmann der Familie von San Cataldo, in einer Anhörung vor dem Antimafia-Ausschuss des Parlaments, 4. Dezember 1992

Die Frauen stehen für den Bruch, für das Aushebeln bis dahin gültiger Regeln. Diese Rolle spielten sie gelegentlich auch schon früher. Andererseits gab es Frauen, die – wenn auch nur für kurze Zeit – in der Verbrecherorganisation höhere Positionen erlangten.

Giusy Vitale zum Beispiel, die nach der Verhaftung ihres

Bruders Vito, des Bosses von Partinico, die Familie führte und sich dann der Justiz als Kronzeugin zur Verfügung stellte. Giusy Vitale war allerdings eine große Ausnahme. Dasselbe gilt für Maria Grazia Genova, die Schwester eines Mafioso aus Delia, einem Dorf in der Provinz Caltanissetta. Maria Grazia, die unter dem Namen Maragè bekannt wurde, war bereits in den 1960er Jahren für »gemeingefährlich« erklärt und zum Zwangsaufenthalt an einen anderen Ort gebracht worden.

Ninetta Bagarella entschloss sich, gemeinsam mit ihrem zur Fahndung ausgeschriebenen Ehemann Salvatore Riina unterzutauchen. Ihre vier Kinder brachte sie in einer Klinik in der Via Dante zur Welt, unweit der Piazza Politeama, wo die Familie versteckt lebte – vierundzwanzigeinhalb Jahre lang, bis zu Riinas Verhaftung.

Die Rolle der Frauen innerhalb der Mafia ist sehr umstritten. Mit Sicherheit gab es nie eine Frau, die offiziell in die ehrenwerte Gesellschaft aufgenommen, Chefin eines Bezirks der Cosa Nostra oder beauftragt wurde, jemanden zu ermorden. Ihre Rolle innerhalb der Mafia hat sich im Lauf der Zeit verändert, genau wie ihre Stellung in der Gesellschaft.

20. Stimmt es, dass hinter jedem wichtigen Mafiaaussteiger eine Frau steckt?

Manchmal war die Ehefrau oder Partnerin eines Mafioso ausschlaggebend für dessen Entscheidung, die Seiten zu wechseln. Hinter manchen wichtigen Kronzeugen, den sogenannten *pentiti*, steckte eine Frau, die für die Zukunft stand, für ein neues Leben. Ohne eine solche Frau hätten viele *pentiti* der Cosa Nostra diesen Schritt nie getan. Es war eine Entscheidung für das Leben und gegen den Tod: Jene Frauen zogen ihre Männer aus der geschlossenen Welt der Mafiafamilie heraus, die die Bindung an die ehrenwerte Gesellschaft stets höher bewertete als die Bindung an eine Frau. In einem so archaischen System wie der Mafia sind die Frauen »frischer Wind« und im Organismus der Mafia eine Art natürlicher Antikörper.

21. Welche Frau zum Beispiel hat einen Ehrenmann umgekrempelt?

Rita Simoncini hatte entscheidenden Anteil am Entschluss Francesco Marino Mannoias, mit der Justiz zusammenzuarbeiten.

Mannoia wurde 1989 Kronzeuge und war der erste Corleoneser, der diesen Schritt tat. Als die Mafiosi herausfanden, dass er mit dem Untersuchungsrichter Falcone sprach, brachten sie seine Mutter, seine Schwester und eine Tante um. Seine Ehe mit Rosa Vernengo, der Tochter Pietro Vernengos, eines Ehrenmannes von Santa Maria del Gesù und aus derselben Familie wie Mannoia, war von der Familie arrangiert worden, aber verliebt war er in Rita.

Sie war es, die sich eines Tages an den Leiter der Kriminalpolizei Gianni De Gennaro und seinen Vize Antonio Manganelli wandte. An der Hand hielt sie Cristina, ihre und Mannoias Tochter. »Ich habe lange mit Francesco geredet«, sagte sie. »Er möchte aussagen, aber nur vor De Gennaro und dem Untersuchungsrichter Falcone, weil er nur ihnen vertraut. Er möchte mit mir leben, und das geht nur, wenn er aus der Cosa Nostra aussteigt.« Für Francesco Marino Mannoia war Rita die Zukunft und das Leben. Die Cosa Nostra war die Vergangenheit und der Tod.

22. Stimmt es, dass bei der Mafia die Ehe immer von der Familie arrangiert wird?

Mafiosi heiraten fast immer jemanden aus ihrer eigenen Familie oder einen engen Verwandten anderer Mafiosi. Außenstehende werden nicht gern aufgenommen. Es gibt Eheschließungen zwischen den Inzerillo und den Spatola, den Gambino und den Di Maggio; zwischen den Badalamenti aus Cinisi, den Rimi aus Alcamo und den Familien Plaja und Buccellato aus Castellammare del Golfo. Auch innerhalb des Clans der Corleoneser wurde geheiratet: Salvatore Riina ehelichte Ninetta Bagarella, die Schwester von Calogero und Leoluca Bagarella, die zu unterschiedlichen Zeiten eng an seiner Seite standen. Riina hatte

Ninettas älterem Bruder Calogero Bagarella seine Schwester Arcangela zur Ehe versprochen. Nach Calogero Bagarellas Tod bei der Schießerei auf dem Viale Lazio in Palermo im Dezember 1969 suchte sich Arcangela Riina keinen anderen Mann.

Brüder tun sich mit Schwestern zusammen. Dabei geht es nicht um Liebe, sondern um die Vermischung des Bluts, um einen lebenslangen Pakt, ein ewiges Bündnis. Dies erklärt auch die Reaktion einiger Mafiafrauen auf den Entschluss ihrer Männer, mit der Justiz zusammenzuarbeiten.

Giusy Spadaro und Angela Marino, die mit den reuigen Brüdern Pasquale und Emanuele Di Filippo verheiratet waren, wandten sich an Journalisten, um ihnen mitzuteilen: »Wir sind nicht die Frauen, sondern die ehemaligen Frauen dieser Dreckskerle. Für uns sind sie gestorben. Unseren Kindern haben wir gesagt, dass sie keinen Vater mehr haben, dass sie ihn verleugnen und für immer aus ihrem Gedächtnis streichen müssen.« Doch nach ein paar Jahren kehrten die beiden zu ihren Männern zurück, die im Rahmen des Zeugenschutzprogramms irgendwo versteckt lebten. Die Mutter der beiden Brüder sagt heute noch: »Diese zwei Rindviecher habe nicht ich in die Welt gesetzt.«

Die Frauen spielen eine schillernde, schwer zu fassende Rolle innerhalb der Mafia. Einige schmuggeln für ihre Männer Botschaften aus dem Gefängnis heraus, andere verstecken Waffen oder verbergen untergetauchte Mafiosi, andere fungieren als Drogenkuriere oder betreiben Geldwäsche. Es gibt aber auch welche, die nicht mehr in der Welt der Mafia leben wollen und ihre Männer zum Widerstand drängen.

23. Gewinnen die Frauen auch in der Welt der Mafia immer mehr Macht?

Auch innerhalb der Mafia wandelt sich das Verhältnis zwischen Mann und Frau, wenn auch langsamer – im Guten wie im Schlechten. Beim Maxi-Prozess Mitte der achtziger Jahre (vgl. Kap. 78) waren von den 460 Angeklagten nur vier Frauen. Eine wurde wegen falscher Zeugenaussage vor Gericht gestellt, eine andere wegen Strafvereitelung, zwei wegen Drogenhandels. Heute beteiligen sich die Frauen immer stärker an den Aktivitäten der Mafiafamilie. Andere, vor allem junge und ganz junge Frauen, gleichfalls im mafiosen Milieu groß geworden, sind jedoch empfänglich für die Einflüsse der Außenwelt. Sie kleiden sich wie andere Mädchen, hören dieselbe Musik und lesen dieselben Bücher wie sie. Sie verbringen ihre Ferien an denselben Orten wie ihre Altersgenossinnen, essen in denselben Pizzerien und haben denselben Geschmack. Die Welt verändert sich und zwingt auch die Mitglieder der Mafiaclans, sich zu verändern.

Vor zehn Jahren war ich im palermitanischen Stadtteil Arenella auf Wohnungssuche. Man stellte mir einen gewissen Signor Piero vor, der mir, wie es hieß, eine Wohnung vermitteln könne, die meinen Wünschen entspreche. Ich erkannte ihn auf Anhieb wieder: Er war ein Mafioso, Bruder eines Mafioso, dem ich häufig im Gericht begegnete. Wir taten so, als würden wir einander nicht kennen. Während wir so redeten, fiel mir auf, dass er wahnsinnig viele Haarschuppen hatte. Das merkte er, und er unterbrach sich und sagte: »Denken Sie nur nicht, dass ich diese Schuppen wegen der Bullen bekommen hätte. Meine Tochter hat mich nervös gemacht, daher kommen diese ganzen Schuppen.« Ich ließ mir weiterhin nichts anmerken. Er aber fuhr fort: »Meine Tochter ist sechzehn, sie läuft in einem Minirock aus schwarzem Leder rum und hat es sich in den Kopf gesetzt, am Konservatorium Musik zu studieren!« Sein Tonfall und sein Blick verrieten mir, was sein Problem war: Er konnte zu Hause nicht mehr bestimmen. Und wenn er zu Hause nicht mehr das Sagen hatte, wie konnte er dann in seinem Viertel den Ton angeben?

In »Signor Pieros« Blick entdeckte ich fast so etwas wie Resignation – es war der Anfang vom Ende seiner Welt. Manche Begegnung, manches Gespräch mit diesen Leuten öffnet einem die Augen – mehr, als es ein Gerichtsprozess oder ein Buch über die Geschichte der Cosa Nostra je könnte.

Nichts stört mich mehr, als für einen Mafiaexperten oder, wie man heute sagt, einen »Mafiologen« gehalten zu werden. Ich bin nur jemand, der an einem Ort im westlichen Sizilien geboren wurde und bis heute dort lebt und der immer versucht hat, die Wirklichkeit um sich herum, die Geschehnisse und die Menschen zu verstehen.

Leonardo Sciascia, Corriere della Sera, *19. September 1982*

24. Ist die Mafia auch die Hüterin der Sexualmoral ihrer Mitglieder und von deren Familienangehörigen?

Eine Regel der Mafia besagt, Ehrenmänner dürften keine Geliebte haben. In den siebziger Jahren wurde die mafiose Familie von Porta Nuova abfällig »die Familie der Straßenkehrer« genannt, weil zwei ihrer Bosse eine Geliebte hatten. Das galt als unschicklich. Die Form zu wahren blieb für die Cosa Nostra stets das Allerwichtigste. Doch häufig verbirgt die Form das Wesentliche. Vordergründig war es moralisch unschicklich, eine Geliebte zu haben, weil die Familie intakt bleiben und man Kindern und Verwandten ein gutes Beispiel geben sollte. In Wahrheit waren Liebschaften nur aus praktischen Gründen nicht gern gesehen. Die Ehrenmänner befürchteten, dass die Ehefrau oder die Geliebte eines Mafioso früher oder später durchdrehen, eine Eifersuchtsszene machen und den Mann, den sie liebte, womöglich verraten könnte – und damit nicht nur ihn, sondern die ganze Organisation in Gefahr bringen würde.

Tatsächlich sind viele Ehrenmänner nicht monogam, aber sie stellen ihre »Eroberungen« nie zur Schau. Wenn sie eine Geliebte haben, versuchen sie, die Beziehung geheim zu halten, ohne es also herumzuerzählen und ohne es den anderen Ehrenmännern »offiziell« mitzuteilen.

Corleone, Mitte der neunziger Jahre. Der Mittelschullehrer und Ehrenmann Leoluca Di Miceli hatte eine große Zukunft in der Cosa Nostra vor sich. Im Ort hieß es, er werde es noch zum Boss bringen. Doch dann wurden plötzlich Gerüchte über ihn in Umlauf gebracht. Nicht gerade schmeichelhafte Gerüchte, insbesondere in Mafiakreisen. Man munkelte von einer übermäßigen Schwäche Leolucas für die Frauen. Er war zu sehr mit ihnen beschäftigt. Er verlor zu viel Zeit mit ihnen. Sein Aufstieg in der Cosa Nostra endete abrupt. Und in Corleone kursierte ein weiteres Gerücht über ihn: »Lehrer Di Miceli denkt mehr mit dem Köpfchen unten als mit dem Köpfchen oben.«

La Repubblica, 8. November 2007

Die Gegenüberstellung von Totò Riina und Tommaso Buscetta im Hochsicherheitsgerichtssaal von Palermo im Frühjahr 1993 verdeutlicht, wie die Mafia über Sexualmoral und Familie denkt.

Es war der Prozess wegen der sogenannten *delitti trasversali*, der Ermordung von Angehörigen reuiger Mafiosi. Riina und Buscetta hätten über Morde, Vergeltung und Rache reden sollen, doch Totò Riina bat den Präsidenten des Schwurgerichts um das Wort und sagte: »Ich spreche nicht mit Leuten von niedriger Moral. Mein Großvater wurde mit vierzig Jahren Witwer, allein mit fünf Kindern, aber er suchte sich keine andere Frau. Meine Mutter wurde mit sechsunddreißig Jahren Witwe. Wir in Corleone leben alle moralisch anständig.« Das war eine Anspielung auf das turbulente Liebesleben Buscettas. Der Mafiaaussteiger gab eiskalt zurück: »Totò Riina wirft mir Frauengeschichten vor – dass ich mehrere Frauen gehabt habe. Dabei ist er für den Tod meiner Kinder und meiner Angehörigen verantwortlich, er hat viele Unschuldige niedermetzeln lassen. Es stimmt, ich habe an die Frauen gedacht, während du allein mit deiner Frau ins Bett gegangen bist, weil du bloß für die Cosa Nostra Zeit hattest.« Das war die vielleicht schlimmste Kränkung, die Totò Riina je in seinem Leben zu ertragen hatte: dass jemand so über seine Frau sprach und in sein Privatleben und seine Intimität eindrang.

Ehebruch gefällt der Cosa Nostra natürlich noch weniger, wenn es die Frau ist, die den Verrat begeht und die Ehre der Familie »besudelt«. In diesem Fall wird ein Exempel statuiert.

Einigen Kronzeugen zufolge ordnete Antonio Pipitone, der Boss des Viertels Acquasanta in Palermo, 1983 die Ermordung seiner Tochter Rosalia an. Sie war verheiratet, hatte aber ein Verhältnis mit einem Cousin zweiten Grades. Der Mord geschah in einer Drogerie mitten in Acquasanta. Zwei Auftragskiller täuschten einen Raubüberfall vor und brachten die Frau um, die sich in dem Laden aufhielt. Am Tag nach dem Mord beging der Geliebte und Cousin, Simone Di Trapani, Selbstmord. Die Ehre war gerettet.

Ein paar Jahre zuvor hatte ein anderer Boss der Cosa Nostra, Giuseppe Lucchese, seine Schwester Giuseppina und seine Schwägerin Luisa Gritti eigenhändig umgebracht. Auch sie hatten außereheliche Beziehungen. In einer Mafiafamilie darf es keine »Gehörnten« geben.

Wenn einer, der alle Voraussetzungen aufweist, um ein Ehrenmann zu werden, eine übel beleumundete Schwester hat – »Missratene« nennt man sie in diesem Milieu –, wird er schwerlich zur Cosa Nostra zugelassen. Ehebruch wird bei den Ehrenmännern toleriert, bei den Frauen nie. Im Gespräch über die Beziehungen zwischen Männern und Frauen meinte der Mafioso Gaspare Mutolo: »Unsereins hat immer darauf geachtet, welches Bild er abgibt.«

25. Welche Einstellung haben die Mafiosi zur Homosexualität?

Wenn die ungeschriebenen Gesetze der Cosa Nostra außereheliche Beziehungen verbieten, dann erst recht homosexuelle. Vor vielen Jahren kursierte in Palermo das Gerücht, der Boss einer Familie im Ostteil der Stadt sei schwul. Wahrscheinlich war es erfunden. Wer es in Umlauf gebracht hatte, war auf jeden Fall leichtsinnig: Einen Boss als Schwulen zu bezeichnen hieß, sein Leben zu riskieren.

Die Zeiten haben sich kaum geändert. Ein bekennender Schwuler wird nie in der Cosa Nostra aufgenommen werden, man wird ihn nie zum Initiationsritual mit dem brennenden Heiligenbildchen in der Hand zulassen. In einer geschlossenen Gesellschaft wie der sizilianischen Cosa Nostra wird Homosexualität niemals akzeptiert oder auch nur toleriert werden. In einem kürzlich veröffentlichten Interview behauptete der Oberstaatsanwalt von Palermo, Antonio Ingroia, es gebe homosexuelle Mafiosi, die sich nicht outen. Wer sich als schwul outet, ist in der Cosa Nostra verloren.

In den USA sieht es nicht viel anders aus. Es stimmt zwar, dass Johnny D'Amato, ein Boss der Familie Cavalcante in New Jersey, der die Drehbuchautoren zur US-amerikanischen Fernsehserie *Die Sopranos* inspirierte, homosexuell war. Aber es trifft auch zu, dass ein anderer Mafioso aus seiner Familie, Anthony Capo, ihn auf Befehl von Stefano Vitabile umbrachte, »weil Johnny mit anderen Männern herummachte«.

1992, unmittelbar nach dem tödlichen Bombenanschlag auf Paolo Borsellino und seine fünf Leibwächter, bezichtigte der Mafiaaussteiger Vincenzo Scarantino sich selbst, das mit Sprengstoff beladene Auto gestohlen zu haben (vgl. auch Kap. 104). Im Verlauf des Prozesses kam heraus, dass Scarantino Beziehungen zu Transvestiten unterhielt. Die Verteidiger nahmen diese Information als Beleg für die mangelnde Glaubwürdigkeit Scarantinos: »Er weiß nichts, er ist kein Ehrenmann, weil er homosexuell ist.« Tatsächlich wusste Scarantino aus vielen anderen Gründen kaum etwas, aber seine sexuellen Vorlieben wurden dazu benutzt, seine Darstellung des Attentats zu entkräften.

Zur Homosexualität in Mafiakreisen weiß man letztlich noch recht wenig. Ende 2000 hat der sizilianische Psychiater Girolamo Lo Verso die Wut und den Schmerz der Waisen nach dem Mafiakrieg der frühen achtziger Jahre (vgl. Kap. 61) in einer Studie beschrieben. Manche Abkömmlinge bedeutender Familien waren drogensüchtig geworden, andere paranoid. Sie hatten ihren Bezugspunkt verloren – ihre Väter, die in den Stadtvierteln gottgleiche Herrscher über Leben und Tod gewesen waren. Jetzt fühlten sie sich allein, verstört, unsicher, von sexuellen Zweifeln geplagt. Sie gaben zu, »sich nicht mehr als Männer zu fühlen«.

26. Sind die Mafiosi religiös?

Die Mafiosi haben sich einen eigenen Gott geschaffen, um sich auf der Seite der Gerechten zu fühlen. Diese Gewissheit nimmt ihnen auch das Schuldgefühl. Der Cosa Nostra beizutreten ist wie die Bekehrung zu einer anderen Religion.

Der Mafioso Antonino Calderone sagte über seinen von ihm vergötterten Bruder Pippo, er habe »sich für einen Auserwählten Gottes, nicht für einen normalen Menschen« gehalten. Die Mafiosi sind überzeugt, Gott habe sie unter den gewöhnlichen Sterblichen erwählt. »Die anderen« zu töten ist nicht töten. Ihr Opfer ist ein Niemand, ein Nichts.

Der Mafioso Leonardo Messina sagte, die Regeln der Cosa Nostra ähnelten »den zehn Geboten: Du sollst nicht stehlen, du sollst die Frau deines Nächsten nicht begehren [...]«. Er behauptete, die Cosa Nostra gehe auf den Apostel Petrus zurück, und sprach sogar von einer »Bibel der Cosa Nostra«, die auf dem Land bei Riesi vergraben sei. Gott und die Bibel als Gottes Gesetz. Und sie, die Ehrenmänner, als Mittler dazwischen.

Der Gott der Mafiosi ist natürlich ein böser Gott, der ihren Regeln entspricht und das Gute ins Böse verkehrt. Auf diese Weise gibt es keinen Konflikt zwischen der Religion und der Treue gegenüber den Grundsätzen der Organisation.

27. Gehen die Mafiosi in die Kirche, sind sie praktizierende Christen?

Nitto Santapaola, der Boss der Cosa Nostra von Catania, ging bei der Ordensgemeinschaft der Salesianer in die Schule, und die Familie wollte ursprünglich, dass er Priester wird. Don Calò Vizzini, der Boss von Villalba, hatte Bischöfe und Priester in seiner engeren Verwandtschaft. In Provenzanos Versteck fand man Tausende von Heiligenbildchen, Kreuzen und Marienfiguren. Der Mafiaboss Pietro Aglieri, dessen eine Schwester eine Nonne war, hatte in seinem Versteck einen kleinen Altar. Auf der ersten Bank in der ersten Reihe der Pfarrkirche von Siculiana sind die Namen der Drogenhändler Caruana und Cuntrera ins Holz gemeißelt, als Anerkennung für einen großzügigen Obolus. Die beiden Bosse mit fester Basis in Kanada waren so religiös – und wollten es ihren Anhängern auch demonstrieren –, dass sie jedes Jahr am 3. Mai die Skulptur des gekreuzigten Christus von Siculiana nach Montreal brachten und dort für ihre ausgewanderten Landsleute in einer Prozession durch die Stadt tragen ließen. Michele Greco, der nicht umsonst als der »Papst« der Mafia galt, betete Tag und Nacht.

Die religiöse Symbolik der Mafia ist offenkundig und beginnt bereits mit dem Initiationsritual. Der Schwur auf das Heiligenbild der Madonna dell'Annunziata, Schutzpatronin der Cosa Nostra, deren Fest an Mariä Verkündigung (am 25. März) gefeiert wird, wird mit folgenden Worten geleistet: »Als Heilige bete ich dich an, als Papier verbrenne ich dich. So wie dieses Papier verbrennt, soll mein Fleisch brennen, wenn ich eines Tages die Cosa Nostra verraten sollte.«

Die Sünde der Mafia gibt es nicht. Wo steht diese Sünde geschrieben? Such dir einen klugen Priester, der von diesen Dingen etwas versteht.
Giuseppe Guttadauro, Arzt und Boss des Bezirks Brancaccio, im Gespräch mit einem Freund, Palermo, 21. Januar 2001

28. Gibt es, abgesehen von den gläubigen Mafiosi, auch mafiose Priester?

Solche hat es immer gegeben. Der berühmteste war Pater Agostino Coppola, ein Neffe des Schiebers Francesco Coppola, genannt *Frank Tre Dita* (Dreifinger-Frank). In Pater Agostinos Sakristei fand man auch Lösegelder aus Entführungen, die Luciano Liggio und seine Bande in Mailand durchführten (vgl. Kap. 12). Nach Jahren, die er im Ucciardone-Gefängnis von Palermo verbrachte, und nach etlichen Skandalen wurde Pater Agostino von seinem Priesteramt suspendiert, und er heiratete. Er hatte seine Frau in einer Krankenstation kennengelernt, wo sich der ehemalige Priester im »Krankenhausarrest« aufhielt. Die

Frau war eine Gynäkologin und »aus gutem Haus«: Francesca Caruana aus Siculiana. Ein reumütiger Mafioso erzählte später, Agostino Coppola sei *punciutu*, in den Finger gestochen, und damit offiziell zum Ehrenmann gemacht worden.

Ein weiterer mafioser Geistlicher war Francesco Castronovo, Pater Giacinto. Bereits Mitte der sechziger Jahre hatte Polizeikommissar Angelo Mangano ihn im Verdacht, mit den Bossen befreundet zu sein, und war überzeugt, Luciano Liggio habe ein paar Monate lang in seiner Klostergemeinschaft im Viertel Santa Maria del Gesù in Palermo Zuflucht gefunden. In demselben Kloster wurde Pater Giacinto fünfzehn Jahre später wegen seiner Nähe zu Stefano Bontate umgebracht. In seiner Zelle wurde eine 38er Pistole beschlagnahmt, die der Mönch unter seinem Kopfkissen versteckt hielt. Seine Mörder wurden nie gefunden.

In dem Dorf Mazzarino im Inneren Siziliens terrorisierten die Klosterbrüder Ende der fünfziger Jahre die örtliche Bevölkerung. Vier von ihnen wurden verhaftet: Pater Carmelo, Pater Agrippino, Pater Venanzio und Pater Vittorio. Die Anklage: Zugehörigkeit zu einer kriminellen Vereinigung, Mord, Erpressung und Nötigung.

Es gab der Mafia »eingegliederte« und der Mafia »nahestehende« Priester. Der Karmeliterpater Mario Frittitta, der 1997 wegen Strafvereitelung verhaftet und dann vor Gericht freigesprochen wurde, las im Versteck des flüchtigen Pietro Aglieri die Messe. Viel gemunkelt wurde in den sechziger und siebziger Jahren auch über zwei Bischöfe der Diözese Monreale, der größten und reichsten Siziliens: Corrado Mingo und Salvatore Cassisa. Es hieß, drei Priester ihrer Diözese hätten am 16. April 1974 die Ehe zwischen Salvatore Riina und Antonina »Ninetta« Bagarella geschlossen. Einer der drei Priester war Pater Agostino Coppola, die Identität der beiden anderen wurde nie aufgedeckt. Riina und Bagarella heirateten zwischen den Pinien und dem Meer von Cinisi im Wohnzimmer einer Villa, in dem ein Altar errichtet worden war.

29. Wie steht die Kirche zur Mafia?

In der Frage der Mafia ist die Kirche Siziliens bis heute gespalten. Gewiss, es ist nicht mehr dieselbe Kirche wie vor dreißig oder vierzig Jahren, als der Erzbischof von Palermo, Ernesto Ruffini, auf die Frage eines Journalisten – »Eminenz, was ist die Mafia?« – antwortete: »Eine Waschmittelmarke, denke ich.« Der Kardinal behauptete auch, die Mafia sei »eine Erfindung der Kommunisten, um die Democrazia Cristiana zu schädigen und die vielen Sizilianer, die sie wählen«.

Der Erzbischof besuchte dann und wann die Favarella, das Landgut Michele Grecos, den man »den Papst« nannte. Er sagte kein Wort, als die Mönche von Mazzarino verhaftet wurden, und er verteidigte die Plünderung Palermos durch die Bauspekulation Limas und Cianciminos (vgl. Kap. 67). Berühmt wurde sein Ausspruch: »In Palermo sind für das Volk Stadtviertel entstanden, die den modernsten Städten in nichts nachstehen.« Er äußerte sich auch dann nicht, als in der Stadt der Krieg zwischen den Greco und den La Barbera tobte und an den Straßenecken mit Sprengstoff bestückte Pkws in die Luft flogen.

Nach dem x-ten Blutbad merkte der Vatikan plötzlich, was da in Palermo los war. Der Staatssekretär des Heiligen Stuhls (unter Paul VI., der seit wenigen Monaten Papst war) schickte Erzbischof Ruffini einen höflichen Brief, um ihn auf das Problem der Mafia aufmerksam zu machen.

An Seine Eminenz Kardinal Ernesto Ruffini, Erzbischof von Palermo
Ich erlaube mir, Ihrem besonnenen Urteil die Frage vorzulegen, ob es nicht angebracht wäre, auch seitens der Kirche mit den ihr eigenen Mitteln der Unterweisung, Überzeugung, Missbilligung und moralischen Erneuerung positiv und systematisch darauf hinzuwirken, die Mentalität der sogenannten Mafia von der religiösen Denkweise zu trennen und diese zu einer konsequenteren Beachtung der christlichen Grundsätze zu ermutigen.

Monsignor Angelo Dell'Acqua, 5. August 1963,
aus dem historischen Archiv der Erzdiözese Palermo

Es erstaunt mich doch sehr, wie man annehmen kann, die Mentalität der sogenannten Mafia sei mit der religiösen Mentalität verknüpft. Diese verleumderische Unterstellung wird vor allem außerhalb der Insel Sizilien von den Sozial-kommunisten in Umlauf gebracht, welche die Democrazia Cristiana beschuldigen, von der Mafia unterstützt zu werden, während sie ihre eigenen wirtschaftlichen Interessen gerade im Wettbewerb mit mafiosen Organisatoren oder solchen, die sie dafür halten, verfolgen.

Seine Eminenz Kardinal Ernesto Ruffini
an Monsignor Angelo Dell'Acqua, 11. September 1963,
aus dem historischen Archiv der Erzdiözese Palermo

Die erste aufsehenerregende Wende der Kirche Siziliens erfolgte mit Kardinal Salvatore Pappalardo und seiner Predigt, in der er Palermo mit dem 219 v. Chr. durch Hannibal eroberten Sagunt verglich. Das war im September 1982 anlässlich der Begräbnisfeier für den ermordeten Carabinieri-General Carlo Alberto Dalla Chiesa. Eine schmerzlich anklagende Predigt, in der er die Mafia scharf angriff.

Acht Monate später begab sich Kardinal Pappalardo in das Gefängnis Ucciardone, um wie jedes Jahr mit den Häftlingen die Ostermesse zu feiern. Kein einziger Mafioso erschien, und der Kardinal blieb allein in der Gefängniskapelle – ein Signal der Bosse an die Kirche. Seitdem war der Kardinal in seinen Predigten sehr viel vorsichtiger, sei es wegen dieser Botschaft der Mafia, sei es, weil er nicht als »Antimafia-Kardinal« in die Geschichte eingehen wollte.

Ein Teil der Kirche hat sich stets offen gegen die Mafia gestellt, ein Teil blieb gleichgültig, und ein Teil war mit ihr verstrickt oder stand ihr zumindest kulturell nahe. Laut einer neueren Untersuchung der Soziologin Alessandra Dino, die sich eingehend mit der Dynamik der palermitanischen Mafia befasst, zeigt die katholische Kirche Siziliens ein vielschichtiges Bild, wenn es um die Mafia und um Mafiosi geht. In ihrer aufschlussreichen Studie *La Mafia devota* (2008; Die fromme Mafia) wertet sie einen Fragebogen aus, den sie unter den Geistlichen

Palermos verteilt hatte. Fünfzehn Prozent der Befragten sind mit dem Thema vertraut und sich des wahren Wesens der Mafia bewusst. Zwanzig Prozent kennen die Mafia »vom Hörensagen« und finden nicht gerade schmeichelhafte Worte für die Staatsanwälte der Antimafia-Pools (vgl. Kap. 78). Die übrigen fünfundsechzig Prozent der Priester und Ordensleute meinen, die Kirche solle sich nicht um Mafia oder Antimafia kümmern, da die Bosse keine direkte Bedrohung darstellten.

30. Gibt es eine Kirche, die sich aktiv gegen die Mafia stellt?

Ein Vorposten der Antimafia in den achtziger Jahren war das Studienzentrum »Pedro Arrupe« der Jesuiten in Palermo unter Leitung von Bartolomeo Sorge und Ennio Pintacuda, eine politische Denkfabrik. Dort sprach man zum ersten Mal von der Notwendigkeit, die Democrazia Cristiana zu »erneuern« und sich von der Mafia und deren kriminellen Verstrickungen mit der Politik zu distanzieren. Das Zentrum Pedro Arrupe wurde von der Polizei beschützt: Pater Sorge und Pater Pintacuda standen unter Personenschutz.

Am 23. Mai 1993, dem ersten Jahrestag des tödlichen Attentats auf Giovanni Falcone, las Pater Pintacuda die Messe, umringt von fünf mit Maschinenpistolen bewaffneten Polizisten. Aber in Sizilien wurden viele Priester bedroht. Und nicht nur bedroht.

Der Priester Giuseppe »Pino« Puglisi wurde ermordet – im palermitanischen Viertel Brancaccio, wo die Brüder Giuseppe und Filippo Graviano das Sagen hatten und Don Pino ihnen »auf die Nerven ging«. Dies gab sein Mörder Salvatore Grigoli zu Protokoll, nachdem er die Seiten gewechselt hatte. In seinen Predigten wetterte er gegen die Mafia. In Brancaccio hieß es, das Sozialzentrum Padre Nostro, wohin Don Pino die Gläubigen einlud, sei »ein Bullennest«. Manche Mitglieder seiner Pfarrgemeinde gingen erst zu ihm und berichteten dann alles den Brüdern Graviano.

Monat für Monat wurde Don Pino immer stärker isoliert. Am Abend des 15. September 1993 – es war sein sechsundfünfzigster Geburtstag – passten sie ihn vor seinem Haus ab und töteten ihn. Anfangs versuchten sie es als Raubüberfall darzustellen, dann verbreiteten sie Gerüchte über seine angebliche Homosexualität, ja sogar pädophile Neigungen. Damit sollte der Tote in den Dreck gezogen werden. Das ist typisch bei Mafiaverbrechen: Auf die physische Vernichtung folgt der Rufmord.

»Die Kirche war immer bereit, einen Flüchtigen der Cosa Nostra zu verstecken«, sagte Grigoli später aus. »Sie half den Notleidenden. Don Pinos Kirche war anders. Schon seit Monaten hieß es bei der Cosa Nostra, die Kirche sei nicht mehr wie früher.« Wenige Monate vor dem Mord an dem Pfarrer von Brancaccio hatte Johannes Paul II. Sizilien besucht und am 9. Mai 1993 im Tal der Tempel von Agrigent seinen Bann gesprochen: »Mafiosi, bekehrt euch. Der Tag des Gerichts wird kommen, an dem ihr für eure Missetaten Rechenschaft ablegen müsst.«

31. Was ist die Hauptaktivität der Cosa Nostra?

> Wenn ich vor Ihnen stehe, sollen Sie die Schwere meiner Bedeutung spüren, und Sie sollen sie unterschwellig spüren. Ich werde Sie niemals bedrohen, ich werde immer mit einem Lächeln kommen, und Sie wissen, dass hinter diesem Lächeln eine Bedrohung steckt, die über Ihrem Kopf schwebt. Ich werde nicht kommen und zu Ihnen sagen: Das und das tue ich Ihnen an. Wenn Sie mich verstehen, gut; wenn nicht, haben Sie die Konsequenzen zu tragen.
>
> *Tommaso Buscetta zu Giovanni Falcone, Juli 1984*

Die Hauptaktivität der Cosa Nostra ist die Schutzgelderpressung. Für die sizilianische Mafia ist das Schutzgeld, der *pizzo*, alles. Die Bosse können auf den Drogenhandel verzichten, auf Geldwäsche. Aber ohne die Schutzgelderpressung wäre die Cosa Nostra am Ende. Mit der Schutzgelderpressung, in Palermo *messa a posto* (das In-Ordnung-Bringen) genannt, gibt sich die Mafia zu erkennen und beherrscht ihr Territorium.

Wer den *pizzo* als zweitrangige Nebentätigkeit der Organisation betrachtet, zeigt seine mangelnde Kenntnis der Cosa Nostra. Gewöhnlich unterscheiden dieselben Leute auch zwischen der Mafia, die schießt, der Mafia, die Geschäfte macht, der Mafia, die Politik betreibt, und der Mafia, die Gerichtsprozesse zurechtbiegt. Nichts ist abwegiger, als von verschiedenen Ebenen der Mafia auszugehen. Es gibt nur eine Mafia, nur eine Cosa Nostra. Je nach dem Zeitpunkt und nach den Erfordernissen schießt sie oder verhält sie sich ruhig, trifft sie Vereinbarungen mit dem Staat oder richtet ein Blutbad an, knüpft sie Beziehungen zur Politik oder bedroht die Politik, favorisiert sie bestimmte Geschäfte oder wendet sich anderen zu. Was auch immer geschieht und welche Strategie sie gerade verfolgt, Schutzgeld erpresst sie immer. Sie bringt immer etwas »in Ordnung«.

32. Wer zahlt in Palermo Schutzgeld?

Alle. Noch immer lehnen sich wenige, sehr wenige dagegen auf. Aber früher gab es nicht einmal die.

Es funktioniert folgendermaßen: Jemand gründet eine Firma – ein Geschäft, eine kleine Fabrik, ein Unternehmen –, und nachdem er die Genehmigungen beantragt hat (manchmal auch schon vorher), fängt er an, sich Sorgen zu machen, wenn noch keiner gekommen ist, um die Dinge »in Ordnung zu bringen«. Er erschrickt, fragt sich, warum noch keiner vorbeigekommen ist, und fragt die anderen Geschäftsleute, warum er noch keine Forderung erhalten hat. Häufig versucht das Opfer selbst, die Dinge »in Ordnung zu bringen«, bevor jemand ihn darauf anspricht. Denn so weiß er, dass er künftig keine Probleme haben wird, dass er und seine Familie in Ruhe leben können. In einer Stadt wie Palermo ist die Sehnsucht nach der Mafia immer noch sehr groß.

33. Wie hoch ist das Schutzgeld für einen Ladenbesitzer?

Das hängt davon ab, wie groß das Geschäft ist und ob das Opfer »freundschaftliche« Beziehungen zu den Erpressern unterhält. Das Monatsgeld (*mesata*) für einen Laden mittlerer Größe beläuft sich auf etwa siebenhundert Euro, und es wird – trotz der Bezeichnung – häufig nur alle neunzig Tage kassiert. Es ist wie eine Steuer, die man allerdings nicht hinterziehen kann. Die Eintreiber sind gnadenlos: Wer nicht zahlt, geht ein großes Risiko ein, wer zahlt, schließt eine Art Lebensversicherung ab.

Die Tarife sind von Zone zu Zone, von Bezirk zu Bezirk unterschiedlich. Der Besitzer eines Juwelierladens oder eines eleganten Geschäfts kann zwei- oder auch dreitausend Euro im Monat zahlen. Bei Kaufhäusern können es bis zu zehntausend Euro sein.

Auch Ratenzahlung ist möglich. Die Bosse haben Verständnis: Sie gewähren Aufschub, stimmen Tilgungsplänen zu und räumen manchmal sogar einen kleinen Rabatt ein. Zu Weihnachten und zu Ostern muss aber alles beglichen sein. Von der Schutzgeldzahlung sind nur Geschäftsleute ausgenommen, die einen Trauerfall in der Familie haben.

Wenn der Ladenbesitzer sich nicht selbst darum bemüht, herauszufinden, wem er das Schutzgeld übergeben soll, bekommt er einen Anruf: »Du musst dir jemanden suchen.« Ein paar Tage lang passiert nichts. Alles ist ruhig. Dann, eines Morgens, will er seinen Laden aufsperren, und das Schlüsselloch ist mit Schnellkleber versiegelt: ein Signal, dass jemand kommen wird, um das Schutzgeld einzufordern. Die geräuschloseste Waffe der Schutzgeldmafia in den letzten Jahren war der Kleber. Nach den blutigen Attentaten mit zahlreichen Toten hat die Cosa Nostra auch bei der Schutzgelderpressung ihre Strategie geändert. Sie möchte kein Aufsehen mehr erregen. Es reicht ein Kleber.

Dem Ladenbesitzer bricht der kalte Schweiß aus. Endlich geben sie sich zu erkennen. In der Regel wird ein gut gekleideter junger Mann mit höflichen Manieren vorstellig. Er redet fast nie von Geld, von Schutzgeld. Er verlangt lediglich eine Spende: für die Gefängnisinsassen, für Anwaltshonorare, für das Stadtteilfest. Manche der Betroffenen zahlen den gesamten Betrag, und zwar sofort, andere machen sich auf die Suche nach einem Freund oder Bekannten, um einen Rabatt auf den *pizzo* zu erhalten.

Das Schutzgeld ist nicht nur eine reichlich sprudelnde Einnahmequelle. Es ist vor allem eine Machtdemonstration. Alle müssen zahlen: auch die Mafiosi. Das mag paradox erscheinen, ist aber die Regel. Die Macht der Cosa Nostra gründet sich auf Regeln. Und die Regel besagt, wenn ein Mafioso ein Geschäft eröffnen möchte oder eine Baustelle in einer Gegend plant, in der eine andere Familie das Sagen hat, muss auch er zahlen. Sogar Giovanni Brusca, der Attentäter von Capaci, zahlte Schutzgeld für einen Bauauftrag in einem Territorium, das nicht das seine war. Das ist die vollendete Form des mafiosen Pragmatismus.

34. Gibt es Geschäftsleute, die kein Schutzgeld zahlen? Mit welchen Folgen?

Seit zwei, drei Jahren beschließen in Palermo immer mehr Geschäftsleute, sich nicht zu beugen. In ganz Palermo sind es derzeit etwa siebzig.

Die Cosa Nostra kann es verkraften, wenn einer von hundert Geschäftsinhabern nicht zahlt – das verbucht sie als unternehmerisches Risiko. Wenn aber einer nicht schweigt, sondern eine Kampagne gegen das Schutzgeld startet, gibt er ein schlechtes Beispiel und gerät politisch und militärisch ins Visier der Organisation.

So geschah es vor beinahe zwanzig Jahren Libero Grassi, einem Textilunternehmer. Er hatte sich nicht nur geweigert, die Erpresser zu bezahlen, sondern sie im Fernsehen an den Pranger gestellt. Am 29. August 1991 erschossen sie ihn.

Salvatore Cozzo, der Präsident des Industriellenverbandes

von Palermo, hatte ihn wenige Tage vorher öffentlich gerügt, er mache »zu viel Wirbel«. Ein weiteres Mitglied des Verbandes ließ gar verlauten: »Wenn wir alle zahlen, zahlen wir weniger.«

> Beim ersten Mal verlangten sie von mir Geld für ihre armen eingesperrten Freunde, die kleinen Handlanger der Mafia, die im Ucciardone-Gefängnis hinter Gittern saßen. Das war der allererste Kontakt. Ich sagte sofort nein. Ich weigerte mich zu zahlen. Dann fing es mit den Drohanrufen an: Behalte dein Lager im Blick; gib auf deinen Sohn acht; pass auf dich auf. Der Anrufer stellte sich als »Bauingenieur Anzalone« vor, er wollte mit mir persönlich sprechen. Er drohte, die Werkstatt in Brand zu stecken. Da ich nicht vorhatte, ein Bestechungsgeld an die Mafia zu zahlen, beschloss ich, diese Leute anzuzeigen [...].
> Erpressung ist die Mutter aller Verbrechen, weil sie die Kontrolle über das Territorium begründet, festigt und erweitert. Das Schutzgeld ist Ausdruck der Territorialherrschaft der Cosa Nostra über die Stadt Palermo: Durch das Schutzgeld wird die Mafia zum Staat.
>
> *Brief von Libero Grassi, veröffentlicht am 30. August 1991, einen Tag nach seinem Tod, im* Corriere della Sera

35. Wie funktioniert die Schutzgelderpressung? Wie wird das Geld eingesammelt, und wo landen die erpressten Summen?

In der Regel ist der Erpresser nicht vorbestraft. Für seinen Job erhält er rund tausend Euro im Monat. Gleichzeitig wird er beobachtet und getestet, um zu sehen, ob er eines Tages selbst zum Ehrenmann werden kann. Ganz Palermo ist ein Tummelplatz für Schutzgelderpressungen. Häufig erhält der Erpresser auch die Erlaubnis, auf eigene Faust zu dealen, während er seine Runde dreht. Alles, was er sammelt, bringt er dem Boss der Familie, die in dem Gebiet das Sagen hat. Salvatore Lo Piccolo, der Boss des Bezirks San Lorenzo-Tommaso Natale, hatte vierhundert Schutzgeldeintreiber – das sind allerdings nur diejenigen, die im Zuge der polizeilichen Ermittlungen entlarvt wurden.

Aus seiner Buchführung, die man bei seiner Verhaftung Ende 2007 in seinem Versteck fand, wurde ersichtlich, dass Lo Piccolo allein mit Schutzgelderpressung einen Umsatz von zweieinhalb Millionen Euro im Monat erzielte. Pietro Grasso, der Leiter der nationalen Antimafia-Staatsanwaltschaft, nannte es »den Lohn der Angst«.

36. Ist der gesamte Markt von der Schutzgeld-erpressung betroffen?

Es gibt keinen freien Markt in Palermo. Die Cosa Nostra beherrscht das Marktgeschehen auf eine Weise, die sich ein Nichtsizilianer oder jemand, der nicht in Sizilien lebt, kaum vorstellen kann. Im Viertel Noce wollte der Inhaber eines Schuhgeschäfts vor ein paar Jahren seinen Laden vergrößern und ein zweites Schaufenster einrichten. Ein anderer Schuhhändler in der Nähe wandte sich an die Ehrenmänner, um seinen Konkurrenten an der Erweiterung zu hindern. Ein Fischhändler in der Via dell'Orsa Maggiore beklagte sich bei den Mafiosi über einen Kollegen in derselben Straße, dem man daraufhin seine Tätigkeit untersagte. Doch dann fand auch er einen Beschützer und konnte weiter Fisch verkaufen – unter einer Bedingung: Er durfte seine Waren nicht ausstellen. In Palermo wird alles kontrolliert. Ein Bankräuber übergibt einen Teil seiner Beute an die Ehrenmänner des Bezirks, in dem der Überfall stattgefunden hat.

Die Cosa Nostra steckt in einer schweren Krise, doch die Schutzgelderpressung funktioniert nach wie vor – und zwar nach denselben alten Regeln. Manche Geschäftsleute zahlen seit mehr als dreißig Jahren. Wenn im Jahr 1970 ein Mafioso von einem Geschaftsmann Schutzgeld verlangte, bittet heute der Sohn des Mafioso den Sohn des Geschäftsmanns zur Kasse.

In einer Anhörung vor dem parlamentarischen Antimafia-Ausschuss sagte Gaspare Mutolo 1993: »In Palermo zahlen die Leute ganz diszipliniert.« Er wollte damit sagen, dass auch die Opfer der Erpressung letztlich auf ihre Kosten kommen: Sie sind überzeugt, dass die Protektion der Bosse sie weniger teuer zu stehen kommt als der Schutz durch den Staat.

Staatsanwalt Maurizio De Lucia, der achtzehn Jahre lang gegen die Schutzgelderpresser in Palermo ermittelte, kommt zu folgendem Fazit: »Für die Mafiaorganisation ist die Schutzgelderpressung vor allem ein Instrument der sozialen Kontrolle mit einem Geflecht von Abhängigkeiten, Loyalitäten und Dankbezeugungen. Auf diesem Weg erhält die Cosa Nostra Zugang zu den legalen Geschäften. Das Sicherheitspaket der Mafia AG umfasst eine Versicherung gegen Diebstahl, Überfälle und Sachbeschädigung, aber auch einen Liefervertrag, eine ganz besondere Arbeitsagentur, eine stets verfügbare Kreditlinie und einen Schalter, an dem man vorsprechen kann, um Konflikte und Wettbewerbsprobleme zu klären.«

37. Sind die »Addiopizzo«-Initiativen ein Zeichen des Wandels?

Die Geschichte von Addiopizzo (»Adieu Schutzgeld«, oder auch: »Schutzgeld nein danke«) zählt zu den merkwürdigsten im Sizilien der letzten Jahre. Eines Morgens Ende Juni 2004 waren die Häusermauern in Palermo mit Klebezetteln bepflastert, auf denen stand: »Ein Volk, das Schutzgeld zahlt, ist ein Volk ohne Würde.«

Ein paar junge Leute, die sich ein paar Monate zuvor mit dem Gedanken trugen, einen Pub zu eröffnen, fragten sich: »Und was machen wir, wenn die Schutzgeld von uns verlangen?« Aus dem Pub wurde nichts, stattdessen wandten sie sich mit diesem Aufruf an die Öffentlichkeit. Sie scharten Geschäftsleute um sich, die sich der Schutzgeldforderung widersetzten, und appellierten an die Einwohner Palermos, nicht in Geschäften zu kaufen, die den Mafiosi nahestanden oder Schutzgeld zahlten. Und sie gründeten ein Komitee. Damit begann das Abenteuer von Addiopizzo. Sie beließen es nicht bei ein paar Slogans, sondern stürzten sich in mühevolle und komplizierte Kleinarbeit. Staatsanwalt Pietro Grasso, Polizeipräfekt Giosuè Marino, Polizeipräsident Giuseppe Caruso und der Vorsitzende des parlamentarischen Antimafia-Ausschusses Francesco Forgione stellten sich schnell auf ihre Seite. Ebenso Tano Grasso, ein ehemaliger Schuhhändler, der zwanzig Jahre zuvor zur Galionsfigur der Einwohner von Capo d'Orlando geworden war, die sich gegen die Schutzgelderpressung aufgelehnt hatten.

Addiopizzo hat bisher wenig und zugleich schon sehr viel verändert: Die Rechtsstaatlichkeit wurde gestärkt, wenn auch geringfügig, und es wurden kleine Schritte in Richtung Freiheit unternommen. Keine Revolution, aber immerhin wurde der Beweis erbracht, dass man etwas tun kann und tun muss. Bisher haben sich fast dreihundert Kaufleute und Unternehmer Addiopizzo angeschlossen und beziehen damit gegen die Schutzgelderpressung Stellung – und zwar öffentlich, was in Palermo von großer Bedeutung ist.

Im Januar 2005, wenige Monate, nachdem die Addiopizzo-Initiatoren ihre Arbeit aufgenommen hatten, hielten Staatsanwälte und Unternehmensvertreter im Teatro Biondo eine Tagung gegen die Schutzgelderpressung ab. Der Saal war halb leer. Außer Behördenvertretern, ein paar Staatsanwälten und einem halben Dutzend Gewerkschaftern war kaum jemand gekommen, nicht einmal die Vertreter der Branchenverbände Palermos. Von den dreihunderttausend Geschäftsleuten, die es in Sizilien gibt, erschien nur ein Einziger: Bruno Piazzese aus Syrakus. Er hatte auf der Insel Ortigia einen Pub eröffnet, auf den schon dreimal ein Brandanschlag verübt worden war.

Ein paar Jahre später fand am selben Ort wieder eine Veranstaltung gegen die Schutzgelderpressung statt. Diesmal war der Saal voll, und der jetzige Präsident des Industriellenverbandes, Ivan Lo Bello, kündigte an: »Wer zahlt, wird aus unserem Verband ausgeschlossen.«

Nach der mutigen Abkehr von der Mafia müssen die Unternehmer der Insel nun durch ihr Handeln zeigen, auf welcher Seite sie stehen, und in den eigenen Reihen aufräumen. Lippenbekenntnisse, Tagungen, Interviews und Fernsehauftritte reichen nicht mehr aus. Das Risiko ist groß: Den Erklärungen müssen Taten folgen, sonst könnte sich das Ganze als reine PR-Aktion und politisches Taktieren erweisen: alles verändern, damit alles beim Alten bleibt. Diese Gefahr besteht in Sizilien immer.

38. Welche anderen Erwerbsquellen hat die Cosa Nostra neben der Schutzgelderpressung?

Der Heroinhandel brachte der Cosa Nostra früher immensen Reichtum. Sie belieferte den gesamten Markt, von Südostasien bis in die Vereinigten Staaten. Heute bereichert sie sich durch öffentliche Aufträge. Wo immer es etwas zu tun gibt, ist sie zur Stelle. Wo ein Kalkwerk oder eine Betonfabrik steht, riecht es nach Mafia. Als ich klein war, sagte man mir, es gebe eine todsichere Methode, einen Mafioso zu erkennen: »Schau auf seine Schuhe, er trägt schöne Schuhe, an denen aber stets der Dreck einer Baustelle klebt.«

In letzter Zeit hat sich das System geändert, mit dem die Vergabe öffentlicher Bauaufträge beeinflusst, eine Ausschreibung gesteuert und der Kuchen aufgeteilt wird. Früher bekamen in Sizilien einige alles. Das galt als normal, als naturgegeben. Die öffentlichen Bauaufträge teilten drei, vier Konzerne untereinander auf. Im westlichen Sizilien bekamen die Cassina zweiundfünfzig Jahre lang die Zuschläge für die Instandhaltung der Straßen und der Kanalisation in Palermo. Im östlichen Sizilien waren es die *Cavalieri del lavoro* (»Ritter der Arbeit«) und Herren von Catania: die Costanzo, Graci und Rendo. Dabei sind dies nur die Namen der größten Unternehmensgruppen. Das mafiose und politisch-mafiose Management der Bauaufträge gab es in jeder Provinz Siziliens. Es lag in der Hand derer, die im jeweiligen Territorium das Sagen hatten, in der Politik und in der Mafia.

Das änderte sich, als sich die Cosa Nostra veränderte: als die Corleoneser kamen. Seit Totò Riina war die Mafia an der Aufteilung des Kuchens nicht mehr nur *beteiligt*, sie hat darüber *entschieden*, wie der Kuchen aufgeteilt wird.

39. Worin bestand Totò Riinas Revolution bei den öffentlichen Ausschreibungen?

Riina hat das »System des runden Tischs« eingeführt. Man setzte sich zu dritt zusammen: Politiker, Baufirmen und Mafia. Die Baufirma zahlte Schutzgeld sowohl an die Politiker als auch an die Mafiosi: eine Abgabe von drei Prozent. Darüber hinaus erhielten die Mafiosi das Monopol für Erdarbeiten, für die Lieferung von Zement oder Kies aus ihren Gruben und für die Auswahl des Baustellenpersonals. Entsprechend diesem System wurden in den 1980er und 1990er Jahren in Sizilien Krankenhäuser, Staudämme, Regierungssitze, Straßen und Autobahnen, Gerichtsgebäude, Kasernen und Hochsicherheitsgerichtssäle für Tausende Milliarden Lire gebaut.

Die Ausschreibungen waren allesamt von Anfang an manipuliert. Die Firmen trafen Absprachen, und dann entschied die Cosa Nostra, wann wie vorzugehen war. Die Corleoneser hatten die vollständige Kontrolle über diese Abläufe. Ihnen standen »Fachleute« zur Verfügung: Unternehmer wie Angelo Siino, den sie »Totò Riinas Bauminister« nannten; Beamte wie Giuseppe »Peppuccio« Zito, Pino Lipari und Francesco Martello. Wer nicht einverstanden war, musste sterben. In weniger als zehn Jahren, zwischen 1979 und 1988, wurden in Sizilien einundfünfzig Unternehmer ermordet.

Nicht nur sizilianische Firmen waren am »System des runden Tischs« beteiligt, auch die großen Unternehmen Norditaliens hatten die unausgesprochene Übereinkunft akzeptiert, bereitwillig und in absolutem Stillschweigen, der *omertà*.

Dann änderte man dieses System. Die von den Corleonesern kontrollierten Bauaufträge wurden nicht mehr von Totò Riinas »Minister« gemanagt, dem man jetzt nur noch kleinere Projekte zuwies, sondern von dem größten sizilianischen Bauunternehmer Filippo Salamone aus Agrigent. Sein politischer Gewährsmann war der Präsident der Regionalregierung, Rino Nicolosi. Von nun an gab es einen neuen Sturmangriff auf die Pfründe. Die Cosa Nostra beteiligte sich jetzt mit einigen großen Firmen direkt am System der öffentlichen Bauaufträge, etwa mit der Firma Calcestruzzi von Raul Gardini, der gegen entsprechendes Entgelt zuließ, dass die Mafia in Sizilien mit dem guten Namen seines Unternehmens auftrat..

Heute gibt es für öffentliche Bauaufträge keinen »Vermittlungsausschuss« mehr. Die kriminelle Organisation ist zwar im Umbruch, hat aber nach wie vor ihre eigenen Leute in der Regionalverwaltung, die schon in den Startlöchern sitzen, um sich der kommenden Großaufträge anzunehmen, allem voran des Großprojekts der Brücke über die Straße von Messina.

Sollte sie je gebaut werden, wird es für die sizilianische und die kalabrische Mafia ein kolossales Geschäft. Die Bosse von Cosa Nostra und 'Ndrangheta bereiten sich schon seit Jahren darauf vor. Auf diesen Zug wollen alle aufspringen. Die Staatsanwaltschaften ermitteln bereits zu den Landenteignungen, zu Dutzenden Baufirmen der Provinzen Agrigent und Trapani (die schon nach Messina umgezogen sind), zu Kleinunternehmern und Strohmännern, die ihre Lkws und Betonmischer in Sizilien und in Villa San Giovanni auf dem Festland bereits in Stellung gebracht haben. Fast eintausend sizilianische und kalabrische Unternehmen und über fünftausend verdächtige Firmen wurden bisher überprüft.

40. Ist das Gesundheitswesen immer noch ein lukratives Geschäft für die Cosa Nostra?

Eine Zahl verdeutlicht das Ausmaß des potenziellen Gewinns: Das Budget für das öffentliche Gesundheitssystem in Sizilien beträgt gut acht Milliarden Euro, ein Drittel des Haushalts der Region. Nach Untersuchungen der sizilianischen Gewerkschaften wird ein Drittel dieser Gelder von der Mafia und durch Misswirtschaft zweckentfremdet. Wo es etwas zu verdienen gibt, ist die Mafia nicht weit.

Bernardo Provenzano hatte zu Beginn der achtziger Jahre als Erster verstanden, dass das öffentliche Gesundheitswesen eine nie versiegende Geldquelle ist. Zur selben Zeit begannen die ersten polizeilichen Ermittlungen zum Einfluss der Mafia auf den Betrieb von Krankenhäusern.

Die Politiker bereichern sich am Gesundheitssystem. In der ab 2001 von Salvatore (Totò) Cuffaro geführten Regionalregierung hielten sechs von zwölf Ministern Beteiligungen an Privatkliniken und Gesundheitszentren. Während der zweiten Regierung Cuffaro war die Liste der Abgeordneten, die stille Teilhaber an Gesundheitsunternehmen waren, endlos lang.

Das Gesundheitswesen stellt eine gewaltige Wirtschaftsmacht dar. In den Krankenhäusern Siziliens arbeiten fast elftausend Ärzte, über fünfzigtausend weitere sind in diesem Sektor beschäftigt. Bei den letzten Kommunalwahlen in Palermo waren von den 1464 Kandidaten 250 Ärzte. Alle wollen einen Arzt in ihrer Partei haben. Alle wollen einen Arzt in ihrer Mafiafamilie haben. Er bringt Stimmen und das Einverständnis der Wähler.

Die Parteien besetzen die Chefposten der Gesundheitsbetriebe mit ihren eigenen Leuten. Es sind immer dieselben, seit dreißig Jahren: ein Clan von Managern, die quasi auf Lebenszeit berufen werden. Auch die Mafia hat ihre Leute in den Krankenhäusern. Es gab und gibt Bosse und Bezirkschefs, die sich zwischen ihren Gipfeltreffen den Arztkittel überziehen und Krankenhausabteilungen leiten.

41. Mafiosi im Arztkittel?

Einer der letzten Mafiosi im weißen Kittel, die ins Gefängnis kamen, war Giuseppe Guttadauro, Bezirkschef von Brancaccio und ehemaliger stellvertretender Chefarzt der chirurgischen Abteilung des städtischen Krankenhauses. Ein weiterer ist Antonino Cinà, Bezirkschef von San Lorenzo und Arzt Totò Riinas und Bernardo Provenzanos. Doch Ärzte im engeren Umkreis der Mafia gab es immer viele. Domenico Miceli beispielsweise arbeitete im Poliklinikum und war Stadtrat von Palermo. Auch Salvatore Aragona ist Chirurg. Der Radiologe Giovanni Mercadante war Regionalratsabgeordneter der Berlusconi-Partei Forza Italia.

In der Vergangenheit war es nicht anders. Michele Navarra, der Boss von Corleone, leitete das dortige Krankenhaus, das Ospedale dei Bianchi. Francesco Barbaccia war HNO-Arzt im Ucciardone-Gefängnis. Barbaccia stammte aus Godrano, einer kleinen Gemeinde in den Hügeln um Palermo, und wurde von Gaetano Badalamenti in die Familie von Cinisi aufgenommen. Badalamenti kam es gelegen, einen Arzt als Ehrenmann zu haben, der ihm im Gefängnis zu Diensten stand. Francesco Barbaccia wurde auch für zwei Legislaturperioden ins Parlament gewählt; er kandidierte für die Democrazia Cristiana. Berühmt wurde er wegen seines beharrlichen Schweigens: Er ergriff im Parlament kein einziges Mal das Wort, unterzeichnete nie eine Anfrage und hielt sein Leben lang nie eine öffentliche Rede.

In den letzten Jahren trat schließlich noch der letzte Stern des mafiosen Gesundheitswesens in Erscheinung: Michele Aiello, der Beschützer Bernardo Provenzanos. Er deckte ihn finanziell und verteidigte ihn gegen die Polizei.

Drei Jahre lang war er der größte Steuerzahler Palermos, aber niemand kannte ihn. Er war anonym, unsichtbar. Er begann als Bauunternehmer und gewann Ausschreibungen für die Feld- und Waldwege halb Siziliens, dann wurde er zum »König« der sizilianischen Kliniken und steinreich. Er war Besitzer der Villa Santa Teresa, einer Privatklinik in Bagheria, die als Einzige im westlichen Sizilien über ein PET-Gerät [Positronen-Emissions-Tomographie] für die Krebsfrüherkennung verfügte. Die Klinik war in der Region »akkreditiert«, noch bevor sie ihre Tore geöffnet hatte. Wer es wissen sollte, wusste es: Eine Strahlentherapie würde nicht, wie in der Gebührentabelle vorgesehen, viertausend, sondern dreißigtausend Euro kosten. Die »Preisliste« hatte Aiello im Hinterzimmer eines Bekleidungsgeschäfts mit Totò Cuffaro ausgearbeitet, dem Regionalpräsidenten Siziliens. Jahr für Jahr entnahm Villa Teresa den Kassen der öffentlichen Gesundheitsversorgung Siziliens vierzig Millionen Euro. Nach der Verhaftung des Klinikkönigs sank die Gebühr für Untersuchungen in der Villa Teresa plötzlich um fünfundsiebzig Prozent. Die Antimafia zahlt sich schnell aus.

Michele Aiello war ein Strohmann Bernardo Provenzanos und von Leuten aus dem Staatsapparat umgeben, die ihn über Ermittlungen gegen ihn und Provenzano auf dem Laufenden hielten. Wenn die Fahnder des untergetauchten Mafiabosses sicher waren, in einem Dorf oder einem Gehöft seine Spuren gefunden zu haben, war der Unterschlupf zwar noch warm, aber Provenzano war wie vom Erdboden verschluckt. Er war stets bestens informiert. Er und der Klinikkönig hatten überall ihre Spitzel.

Einer seiner Informanten scheint Totò Cuffaro gewesen zu sein, der nach 2000 der mächtigste Politiker der Insel war [...].

La Repubblica, 23. Januar 2010

Der ehemalige Regionalratspräsident Totò Cuffaro sitzt seit dem 22. Januar 2011 im römischen Gefängnis Rebibbia eine siebenjährige Haftstrafe ab, weil er die Cosa Nostra »in schwerwiegender Weise begünstigt« hat.

II Die Geschichte der Mafia

42. Durch wen haben die Italiener die Mafia entdeckt?

Im Jahr 1876, kurz nach der Einigung Italiens, führten Leopoldo Franchetti und Sidney Sonnino eine Untersuchung zur Wirtschaft und Verwaltung in Sizilien durch. Damit rückten sie zum ersten Mal das Problem der Mafia ins Licht der Öffentlichkeit und deckten zugleich die Verbindungen dieser Organisation zur politischen Macht auf. Ihre Untersuchung wurde zum Ausgangspunkt für alle Studien des Phänomens Mafia in den nachfolgenden Jahrzehnten.

Wenn eine Angelegenheit der Eigensucht zwei der ersten Familien in einer Gemeinde trennt, so gruppieren sich nach und nach alle anderen um diese, und der Ort ist in zwei Parteien gespalten. Eine jede wendet gegen die andere alle Mittel an: Gewalttat, Zivilklage, Strafprozess, das Wahlgesetz und die Gemeindeordnung. Jeder versucht, den Prätor, den Staatsanwalt, den Unterpräfekten zu gewinnen. Wo keine Trennung, kein Streit besteht, wo die Vorherrschaft in der Gemeinde einer einzigen Person gehört, da wird deren Macht zu einer unbedingten. Sie verfügt dann nach Gefallen über die öffentliche Verwaltung und fast über Leben und Vermögen aller. Wir haben die Mafia beschrieben.
Leopoldo Franchetti und Sidney Sonnino, Allgemeine Zustände und Verwaltung in Sizilien *(1876; dt. 1906)*

43. Stimmt es, dass die Mafia vom Faschismus besiegt wurde und sofort nach dem Sturz des Regimes wieder auftauchte?

Für manche markierte der Faschismus das Ende der Mafia, für andere beschränkte er sich darauf, gegen Banditen und Ehrenmänner auf der untersten Ebene vorzugehen. Mussolini war der erste italienische Regierungschef, der der kriminellen Organisation Siziliens offiziell den Krieg erklärte, aber er setzte nur polizeiliche Mittel gegen sie ein. Eine Antimafia-Politik hat der Faschismus nie betrieben. Während der zwanzigjährigen faschistischen Herrschaft verschwand nicht das Phänomen, sondern nur das Wort »Mafia«: Es wurde vom Regime für tabu erklärt.

Einige Bosse wurden in den ersten Jahren sogar zu wichtigen Exponenten des Faschismus vor Ort: Franco Cuccia war Bürgermeister und Mafiaboss von Piana degli Albanesi, Santo Termini Bürgermeister und Mafiaboss von San Giuseppe Jato, Antonino Lopez Bürgermeister und Mafiaboss von Mezzojuso.

1925 bis 1928 leitete Polizeipräfekt Cesare Mori eine der spektakulärsten und umstrittensten Antimafia-Operationen in Sizilien. Es gab Massenverhaftungen, insbesondere zwischen Palermo und dem Madonien-Gebirge, in den Provinzen Agrigent und Trapani. Moris Razzien brachten rund elftausend Sizilianer hinter Gitter. Auch viele Gegner des Faschismus wurden als angebliche Mafiosi aus dem Weg geräumt.

Nach den großen Säuberungen wurde der Präfekt befördert und versetzt: Er hatte angefangen, die höheren Kreise zu stören. Dank ihrer Beziehungen und dank der Korruption, die in der faschistischen Partei und in den Lokalverwaltungen Siziliens in den dreißiger Jahren grassierte, konnten die einflussreichsten Mafiosi das Gefängnis schnell wieder verlassen. Hinter Gittern blieben nur Banditen und *scassapagghiara*, kleine Hühnerdiebe.

Die gewichtigeren Mafiosi gingen in jenen zwanzig Jahren in Deckung und warteten auf bessere Zeiten, um ihre Beziehungen zur Macht wieder neu zu knüpfen. Nach 1945 erwies sich der »Antifaschismus« der Mafiosi für das Wiedererstarken der Cosa Nostra als förderlich.

44. Stimmt es, dass die Amerikaner dank der Mafia in Sizilien landen konnten?

Das ist eines der vielen Märchen, die rund um die Mafia entstanden sind. In Italien und auch in den Vereinigten Staaten kursiert das Gerücht, die amerikanischen Geheimdienste hätten vor der Landung auf Sizilien Verbindung zu den Bossen aufgenommen, die ihnen halfen, die Insel zu erobern. Es ist aber kein einziges Geheimpapier oder offizielles Dokument bekannt, das eine Verhandlung mit der Cosa Nostra vor der *Operation Husky* belegen würde – *Operation Husky* ist der Codenamen für die Invasion der Insel in der Nacht vom 9. auf den 10. Juli 1943.

Wahr ist, dass die amerikanischen Geheimdienste und die Bosse der Cosa Nostra schon während der sechsmonatigen alliierten Militärverwaltung Verhandlungen aufnahmen. Jetzt trat die Mafia mit aller Macht wieder auf den Plan. Nach der Befreiung wurden viele Bosse Bürgermeister in ihrem Ort. Die Beziehung der Cosa Nostra zu den US-amerikanischen Geheimdiensten dauerte fast ein halbes Jahrhundert, und in der Zeit genoss die sizilianische Mafia auch in den Vereinigten Staaten eine besondere Immunität.

In der unmittelbaren Nachkriegszeit entstanden im übrigen Italien und in fast allen europäischen Ländern geheime militärische oder paramilitärische Organisationen, die eng mit den westlichen Geheimdiensten zusammenarbeiteten. Sie sollten im Bedarfsfall die »rote Gefahr« aufhalten. In Sizilien war es die Mafia, die im Kalten Krieg die Demokratie »gegen den Kommunismus« schützte.

Es mag erschreckend klingen, aber eine kriminelle Organisation stand im Dienst der Demokratie.

45. Gibt es amtliche Belege für die Absprachen zwischen den Alliierten und der Mafia nach dem Zweiten Weltkrieg?

Es gibt viele, und sie sind alle in den Archiven der Siegermächte aufbewahrt, was für die historische Glaubwürdigkeit nicht unerheblich ist. Tausende Geheimdokumente wurden in den letzten zehn, fünfzehn Jahren freigegeben: Diese Berichte können heute im Staatsarchiv der USA in College Park, Maryland, eingesehen werden. Besonders eines dieser Papiere gibt Aufschluss über das, was in den Jahren 1943 bis 1945 in Sizilien geschah. Das Dossier trägt den Titel: »Die hohe Mafia bekämpft das Verbrechen in Sizilien« und ist von Agenten des Office of Strategic Services (OSS) unterzeichnet, dem Vorläufer der CIA. Und es erläutert, wie die Mafia für den sozialen Frieden auf der Insel sorgte. Man gewinnt den Eindruck, dass die Mafia nicht als eine Verbrecherbande, sondern als eine Organisation betrachtet wurde, die imstande war, in den Wirren der Nachkriegszeit die öffentliche Ordnung wiederherzustellen. In anderen Berichten des OSS ist zu lesen, dass die Mafiabosse auf die Unterstützung von neunzig Prozent der sizilianischen Bevölkerung zählen konnten.

Ein Dokument vom 29. Oktober 1943, das bei Kriegsende im britischen Staatsarchiv in Kew Gardens bei London aufbewahrt wurde, enthält die frühesten Hinweise auf Verhandlungen der Alliierten mit der Cosa Nostra. Das Dossier trägt die Unterschrift von Hauptmann W. E. Scotten (der vom Hauptquartier des britischen militärischen Geheimdienstes in Algier nach Palermo geschickt worden war) und ist an den Brigadegeneral Julius C. Holmes gerichtet, der von der Insel aus alle Kriegsmanöver im Mittelmeerraum leitete. In diesem sechsseitigen Bericht taucht zum ersten Mal das Wort »Verhandlung« auf, und zwar im Zusammenhang mit »möglichen Lösungen für das Problem der Mafia in Sizilien«.

46. Stimmt es, dass die Mafia früher »gut« war und dann von der »bösen« Mafia verdrängt wurde?

Seit es die Mafia gibt, hat man diese Unterscheidung getroffen, Jahrzehnt um Jahrzehnt und Generation um Generation: die alte und die neue Mafia. Die alte war grundsätzlich gut und die neue ist grundsätzlich böse. In Wahrheit hat sich die Mafia stets der jeweiligen Situation angepasst. Immer wieder kamen Legenden über die »gute« Mafia auf, die keine Frauen und Kinder umgebracht habe. Alles Quatsch. Die Mafia hat immer dann gemordet, wenn sie es für nötig hielt. Sie hat nie gezögert, eine Frau oder ein Kind umzubringen, um eine potenzielle Gefahr von der Organisation abzuwenden oder um ein Exempel zu statuieren.

1948 tötete der Mafiaboss von Corleone und Arzt Michele Navarra den dreizehnjährigen Schafhirten Giuseppe Letizia mit einer Giftspritze. Der Junge hatte zu viel gesehen: Er war Zeuge der Entführung des Gewerkschafters Placido Rizzotto geworden. 1963 ermordeten die Killer in Palermo Paolino Riccobono, ebenfalls ein Kind und Sohn eines Mafioso. 1976 folgte das Massaker an vier Jungs aus dem Viertel San Cristoforo in Catania, die erdrosselt wurden, weil sie der Mutter des örtlichen Bosses die Handtasche entrissen hatten. Sie wurden entführt und in ein abgelegenes Landhaus zwischen San Cono und Mazzarino an der Grenze zur Provinz Caltanissetta gebracht. Nach zwei Tagen erdrosselte man sie und warf die Leichen in einen Brunnen. Der älteste war vierzehn, der jüngste elf Jahre alt. Der Befehl zu ihrer Ermordung kam von den Brüdern Nitto und Turi Santapaola. In dem Landhaus waren aber sämtliche Vertreter der Familien von Mazzarino und Riesi anwesend, die alle einverstanden waren. Sie gehörten der alten Mafia an, die heutige Mafiosi als die gute, ritterliche Mafia darzustellen versuchen.

Eine weitere Lüge ist das Märchen, die Mafia habe bis in die achtziger Jahre nicht mit Drogen gehandelt. Auch in Francis Ford Coppolas Film *Der Pate* wird eine Mafia gezeigt, die »schmutzige Geschäfte« ablehnt. Diese Mafia repräsentiert der alte Don

Vito Corleone. Er stellt sich gegen die anderen Familien, die sich am Heroin bereichern wollen. Die Wahrheit ist: Wenn der Markt nach Drogen verlangte, hat die Mafia sie stets besorgt.

47. Wann ist die sizilianische Mafia in den internationalen Drogenhandel eingestiegen?

Schon seit den zwanziger Jahren des letzten Jahrhunderts wurden Opium und Morphium, in Orangenkisten versteckt, von Sizilien in die Vereinigten Staaten verschifft. Bereits in den dreißiger Jahren importierte Lucky Luciano Rauschgift aus Europa. Doch der eigentliche internationale Drogenhandel begann nach dem berühmten Gipfel im Hotel delle Palme in Palermo.

Dort trafen sich vom 12. bis zum 16. Oktober 1957 die Bosse der sizilianischen und der amerikanischen Mafia. Vincenzo Rimi aus Alcamo war dabei, Cesare Manzella aus Terrasini, Calcedonio Di Pisa, Rosario Mancino und Domenico La Fata aus Palermo und Giuseppe Genco Russo aus Mussomeli. Aus den Vereinigten Staaten kamen Lucky Luciano, Charles Orlando, Frank Garofalo, Giuseppe Bonanno (besser bekannt als Joe Bananas), Carmine Galante und Santo Sorge.

Bei dem Treffen legten die Bosse die Basis für den großen internationalen Drogenhandel, der Palermo innerhalb von zwanzig Jahren zur Welthauptstadt des Heroins machte. Die Cosa Nostra kam überein, dass sie ein Oberhaupt und mehrere Stellvertreter benötigte, die von der gesamten Organisation anerkannt wurden. Die Idee der Cupola, der Kommission, entstand in jenem Oktober des Jahres 1957: Es war zwar kein Aufsichtsrat, aber doch ein Repräsentativorgan im eigentlichen Sinn.

»Quannu ci sunnu troppi cani sopra un ussu beatu cu ci sta arrassu.« Wenn sich zu viele Hunde um einen Knochen streiten, hält man sich besser fern. Das sagte Giuseppe Genco Russo im Kaminraum des Hotel delle Palme in Palermo am Ende des Gipfeltreffens zu Santo Sorge. Mit seiner Bauernschläue wollte Zu' Peppi Jencu – so hieß er bei seinen Leuten – den Freund aus Amerika darauf hinweisen, dass die Drogen der Cosa Nostra früher oder später Unglück bringen würden.

Giuseppe Genco Russo war ein grobschlächtiger Bauer, der sich in der Zwischenkriegszeit die Landgüter der Fürsten Lanza Branciforti di Trabia unter den Nagel gerissen hatte. Er wurde mehrfach verhaftet und 1962 auf der Liste der Democrazia Cristiana in den Gemeinderat von Mussomeli gewählt. Während seines Prozesses drohte sein Anwalt damit, ein Telegramm zu veröffentlichen, mit dem sieben-unddreißig Parlamentsabgeordnete seiner Partei ihm für ihre Wahl gedankt hatten. Zu' Peppi Jencu starb am 18. März 1976 dreiundachtzigjährig eines natürlichen Todes.

L'Ora, 10. Oktober 1984

48. Wer waren die größten mafiosen Drogenhändler aller Zeiten?

Der amerikanischen Drogenbehörde zufolge waren es Alfonso Caruana und Pasquale Cuntrera, die von Siculiana nach Kanada ausgewandert waren.

Im September 1968 wurde Alfonso Caruana vom Einwanderungsbüro in Montreal mit siebenundachtzig Dollar und dreißig Cent in der Tasche bei der Einreise registriert. 1978, zehn Jahre später, wurde er am Flughafen Zürich mit sechshunderttausend Dollar im Koffer festgenommen. Weitere zehn Jahre später, 1988, schätzten Beamte des FBI sein Privatvermögen auf rund einhundert Millionen Dollar.

Man sagt, Caruanas und Cuntreras Reichtum gehe auf den polnischen Juden Meyer Lansky zurück, einen kleinen rothaarigen Mann, der ein besonderes Händchen für Geldwäsche hatte. Laut einer von der Zeitschrift *Fortune* herausgegebenen Liste der reichsten Männer Italiens rangierte die Firma Caruana & Cuntrera Mitte der achtziger Jahre gleich hinter Silvio Berlusconi und Gianni Agnelli und knapp vor Luciano Benetton.

Zio (Onkel) Alfonso und *zio* Pasquale wurden die Rothschilds der Mafia genannt. Ihr Imperium gründete auf Geld und auf der Blutsverwandtschaft: Zwei Familien verschmolzen zu einer einzigen. Antonina Caruana, die Nichte des Stammvaters Alfonso, heiratete Paolo Cuntrera; Vincenzina und Giuseppina Cuntrera heirateten Gerlando und Alfonso Caruana, die Söhne Carmelo Caruanas. Ein weiterer Paolo Cuntrera heiratete eine Mongioví aus Siculiana, die mit den Caruana verwandt waren.

Bei einer Familienhochzeit 1977 trat als Trauzeuge ein Sizilianer auf, der es bis zum Minister bringen sollte: Calogero Mannino. Er hat immer behauptet, er habe der Braut zuliebe teilgenommen, der Tochter eines rechtschaffenen Mannes und Schuldirektors, nicht des Bräutigams Gerlando Caruana wegen, des Sohns des Bosses.

49. Was war der erste Anschlag der Mafia auf eine namhafte Persönlichkeit?

Der Mord an dem Marquis Emanuele Notarbartolo, einem Vertreter der liberalkonservativen Rechten. Er war Bürgermeister von Palermo und Direktor des Banco di Sicilia gewesen und kämpfte gegen Klientelwirtschaft, Geschäftemacherei und Korruption. Mehrere Politiker waren seine erklärten Feinde, und fast alle genossen die Unterstützung der Mafia. Notarbartolo wurde am 1. Februar 1893 im Zug von Termini Imerese nach Palermo ermordet. Zwei Mafiosi aus Villabate wurden als Täter beschuldigt, der Abgeordnete Raffaele Palizzolo, der enge Verbindungen zu Ministerpräsident Francesco Crispi hatte, galt als Auftraggeber. Alle drei Prozesse im Zusammenhang mit diesem berühmten Mordfall fanden wegen Befangenheit der Gerichte außerhalb Siziliens statt.

Der erste begann in Mailand, aber die Richter schickten die Akten »zwecks weiterer Ermittlungen« nach Palermo. Beim zweiten Prozess in Bologna wurde der Abgeordnete Palizzolo zu dreißig Jahren Haft verurteilt. Das Kassationsgericht verwies das Verfahren wegen eines Formfehlers an das Schwurgericht in Florenz zurück, wo Palizzolo am 23. Juli 1904 aus Mangel an Beweisen freigesprochen wurde.

Aus diesem Anlass charterten seine Freunde ein ganzes

Schiff, das von Neapel ablegte. Bei der Ankunft im Hafen von Palermo wurde Raffaele Palizzolo wie ein Held mit dem Ruf empfangen: »Hoch lebe Florenz. Hoch leben die Geschworenen. Hoch lebe Palizzolo.«

Seitdem brachte die sizilianische Mafia achtundsiebzig Jahre lang keine hochrangige Persönlichkeit mehr um. Erst 1971, mit der Ermordung des Oberstaatsanwalts Pietro Scaglione, schlug sie erneut zu.

> Die Gerichtsbehörden haben sich nie eine Blöße gegeben. Man braucht sich nur die zahlreichen Aktenbände des Prozesses anzusehen, um dies zu belegen. Es wurden 135 Personen verhaftet, sämtliche Wärterhäuschen entlang der Bahnstrecke wurden durchsucht, aber es ließ sich nichts Konkretes finden, und man trug lediglich Gerüchte zusammen, wonach Palizzolo der Auftraggeber sei. Wenn es eine Beeinflussung gab, dann jene, die Palizzolo auf die Anklagebank brachte – ein Einfluss, der auf die gegen ihn geschürte Stimmung und auf diffuses Gemunkel zurückzuführen war, wovon aber nichts Handfestes übrigblieb.
> *Aussage des Generalstaatsanwalts von Palermo, Vincenzo Cosenza, im Prozess zum Mord an Emanuele Notarbartolo in Florenz*

50. Warum hat die Mafia fast hundert Jahre lang keinen Staatsvertreter mehr umgebracht?

Weil keine Notwendigkeit dazu bestand. Die Mafia zog es von Anfang an vor, sich hinter dem Staat zu verstecken, statt ihn zu bekämpfen. Ihr Charakter und ihre Stärke war es immer gewesen, mit allen gut auszukommen, um mit allen Geschäfte zu machen: mit Politik, Wirtschaft, Kirche und Gesellschaft. In jenen achtzig Jahren der Unsichtbarkeit nistete sich die Mafia überall ein, ohne einen einzigen Schuss gegen die Staatsmacht abgeben zu müssen.

Bis 1982 hatte die italienische Gesetzgebung die Mafia nicht als eine kriminelle Organisation anerkannt. Bis dahin gab es in Italien den Straftatbestand der mafiaartigen Vereinigung gar nicht. Dann kamen die Corleoneser, die Bosse, die den Charakter der Cosa Nostra grundlegend veränderten. Ihr Oberhaupt Salvatore Riina erklärte in seinem Größenwahn zum ersten Mal in der langen Geschichte der sizilianischen Mafia dem Staat den Krieg. In dieser Provokation sahen manche den Anfang vom Ende der Cosa Nostra, einer Organisation, die nie nur eine gewöhnliche Verbrecherbande gewesen war. Doch dieses Ende werden andere erleben, wir nicht.

51. Wie hat sich die sizilianische Mafia verändert?

Bis in die fünfziger Jahre gab es die Mafia der Latifundien und Orangenhaine, in den sechziger Jahren die Baumafia, in den siebziger und achtziger Jahren die Drogenmafia. Heute gibt es die Wirtschaftsmafia. Schon 1990 hatte Untersuchungsrichter Falcone Alarm geschlagen: »Die Mafia ist jetzt an der Börse.« Raul Gardini war mit seiner Firma Calcestruzzi gerade erst Partner der Cosa Nostra geworden.

Die Mafia verändert sich. Sie entwickelt sich weiter, passt sich an und versteckt sich. Das ist ein Spiel von Kontinuität und Wandel. Vor vierzig Jahren, als sie dabei war, zu einer kriminellen Weltmacht zu werden, dachten viele, sie sei schon verschwunden, erledigt. Im *Zingarelli*, dem Wörterbuch der italienischen Sprache, von 1966 hieß es unter dem Stichwort *Mafia*: »Eine Vereinigung von Gewalttätigen und Verbrechern, die früher in Sizilien weit verbreitet war.«

Heute verfügt die Mafia nicht mehr über die Führungsfiguren von einst und versucht wieder einmal ein neues Gesicht zu zeigen. Nicht mehr das sonnenverbrannte Gesicht der Bauern von Corleone, die in ganz Italien Bomben legten und Angst und Schrecken verbreiteten.

52. Wer waren die großen Bosse der sizilianischen Mafia?

Ein großer Boss von Palermo war gewiss Vito Cascio Ferro, der im Verdacht stand, 1908 die Ermordung von Joe Petrosino veranlasst zu haben. Der New Yorker Polizeibeamte war nach Palermo gekommen, um die Geheimnisse der Mafia zu ergründen. Nach dem Zweiten Weltkrieg (und bis vor wenigen Jahren) galt Calogero Vizzini, *Don Calò*, der Patriarch von Villalba, als unangefochtener Boss der Cosa Nostra. Villalba liegt an der Grenze zwischen den Provinzen Caltanissetta und Palermo, der Hauptstadt der Grundbesitzmafia. Alte Mafiaaussteiger erzählten allerdings, in Wahrheit sei das Oberhaupt der Kommission damals ein gewisser Andrea Fazio gewesen, ein Name, der in den Polizeiberichten nirgendwo auftauchte.

Nachfolger von Calogero Vizzini war Gerüchten zufolge Giuseppe Genco Russo aus Musomeli gewesen, einem weiteren Ort unweit von Caltanissetta. Aber auch er war laut Aussagen von Kronzeugen lediglich der »Repräsentant« seiner Provinz.

Genauere Angaben über die obersten Bosse der Organisation gab es nach dem Gipfeltreffen im Hotel delle Palme im Jahr 1957. Damals hatte Salvatore Greco das Kommando, der wegen seines zierlichen Körperbaus *Chicchiteddu*, »Vögelchen«, genannt wurde. Ab Ende der sechziger Jahre – nach den Razzien infolge des ersten Mafiakrieges und der Verbannung Hunderter Mafiosi in Regionen Norditaliens – stand der Cosa Nostra ein Triumvirat vor mit Gaetano Badalamenti aus der Familie von Cinisi, Stefano Bontate aus der Familie von Santa Maria del Gesù in Palermo und Luciano Liggio aus der Familie der Corleoneser.

1975 war Gaetano Badalamenti der Chef der Kommission. 1979 wurde Michele Greco zum Oberhaupt gewählt: Aber er war es nur auf dem Papier, in Wirklichkeit hatten bereits die Corleoneser das Sagen. 1992 war Totò Riina der Boss der Bosse.

53. Wer ist heute der oberste Boss der Cosa Nostra?

Soweit man weiß, ist siebzehn Jahre nach seiner Verhaftung am 15. Januar 1993 in Palermo immer noch Totò Riina der oberste Boss der Cosa Nostra. Seit jenem 15. Januar ist die Kommission nie mehr zusammengekommen, um ein neues Oberhaupt zu wählen. Der andere Pate aus Corleone, Bernardo Provenzano, erbte zwar die Führung der Organisation, war aber nie offiziell das Oberhaupt der Cosa Nostra.

54. Warum hat die Cosa Nostra in all diesen Jahren kein neues Oberhaupt bestimmt?

Für die Cosa Nostra ging es damals weniger um eine neue Führung als vielmehr darum, sich wieder zu fangen und ihre längste und schwerste Krise zu überwinden. Nach der Ermordung Falcones und Borsellinos steckte die sizilianische Mafia in einer Sackgasse. Diese Krise ähnelte der von 1963. Nach der Reaktion des Staates auf den Notstand, den der Krieg zwischen den Familien der Stadt Palermo ausgelöst hatte, erwogen die Bosse ernsthaft, die Organisation aufzulösen. Einige von ihnen wanderten nach Nordafrika oder nach Südamerika aus.

Heute haben die Bosse kein Geld. Die Cosa Nostra ist wirtschaftlich in Not, erlebt aber auch eine Nachwuchskrise: Es gibt kaum noch neue Mitglieder. In den letzten Jahren war die Organisation gezwungen, Leute aufzunehmen, die die Ehrenmänner stets als wenig zuverlässig angesehen hatten: Dealer, Diebe und Räuber.

Der Cosa Nostra fehlt derzeit eine Identität. Ihr fehlt ein Konzept. Die Bosse suchen verzweifelt nach neuen politischen Bezugspersonen und nach einem Weg, um wieder so mächtig zu werden wie früher. Doch viele von ihnen sitzen derzeit im Gefängnis, verurteilt zu fünf-, zehn- oder fünfzehnfacher lebenslanger Haft. Die wenigen, die draußen sind, in Freiheit oder untergetaucht, werden von der Polizei gejagt oder auf Schritt und Tritt überwacht, und sie warten ab.

Die Cosa Nostra ist heute gespalten: auf der einen Seite die

Bosse hinter Gittern, auf der anderen die Bosse, die draußen sind. Die Zukunft der Cosa Nostra wird wesentlich davon abhängen, welches Gleichgewicht diese beiden »Parteien« mit ihren offensichtlich unterschiedlichen Interessen erreichen. Wer drin ist, möchte alles tun, um herauszukommen, auch um den Preis, wieder Bomben zu legen. Wer draußen ist, bevorzugt die Strategie der Lautlosigkeit, um die verlorene Vorherrschaft zurückzugewinnen. Es gibt noch einen dritten Arm der Mafia: diejenigen, die sich anschicken, den Platz der einsitzenden oder der wenigen noch flüchtigen Bosse zu übernehmen: Namen und Gesichter, die in den Akten und Dateien der Ermittler bisher noch nicht aufscheinen.

Die Ära der Corleoneser ist zu Ende. Sie wurden hinweggefegt, so wie fünfundzwanzig Jahre zuvor die großen Bosse von Palermo weggefegt worden waren, die Bontate und Gambino, die Inzerillo und Di Maggio. Für die Cosa Nostra vollzieht sich zur Zeit ein epochaler Umbruch. Es ist nicht einfach zu entschlüsseln, was in der Welt der Mafia gerade geschieht. Die Cosa Nostra hat einen Großteil ihrer internationalen Glaubwürdigkeit verloren, aber für die Feststellung, dass es mit ihr vorbei sei, ist es auf jeden Fall noch zu früh. Sie sucht verzweifelt nach einer politischen Lösung für ihre Probleme und experimentiert: mit Erpressungen, mit Abspaltungsversuchen, mit Drohungen. Sie befindet sich in einer Phase des Übergangs, in einer Phase massiver Veränderungen.

Ihre militärische Struktur ist in Auflösung begriffen, aber das mafiose System Palermos ist noch am Leben. Es gibt ein mafioses Bürgertum, das stets die Verbindung zwischen den militärischen Ebenen der Organisation und den Helfershelfern in der Politik, den Sicherheitsorganen und der Wirtschaft herstellt.

Das mafiose Bürgertum (eine treffende Bezeichnung, die der sizilianische Mafia- und Verbrechensforscher Umberto Santino zum ersten Mal verwendete) ist eine eigene soziale Schicht. Die Mafia war in Palermo nie ein Fremdkörper, sondern stets gut verankert. Spuren dieses mafiosen Bürgertums finden sich auch in der Untersuchung Leopoldo Franchettis und Sidney Sonninos vom Ende des 19. Jahrhunderts. Bereits sie sprachen von »Übeltäterm der Mittelklasse«, die auf der einen Seite Verbindung zu Mördern und auf der anderen zur politischen Macht unterhielten. Dem Schein nach lebte das mafiose Bürgertum nach Recht und Gesetz, in Wahrheit sicherte es stets und in jeder Hinsicht die militärische Struktur der Cosa Nostra ab.

Aus diesem Grund kann man auch noch nicht von einer geschlagenen Cosa Nostra sprechen. In der Vergangenheit hatte sie es stets verstanden, sich wiederaufzurichten, auch unter den widrigsten Umständen.

> Glauben Sie mir, meine Herren, glauben Sie mir: Die Mafia
> ist nicht nur ein kriminelles Phänomen, sie reicht über das
> kriminelle Phänomen hinaus. Die Mafiosi verfügen über
> Absprachen mit allen Schichten der Gesellschaft. Ein Mafioso
> weiß sich auf allen Ebenen Zugang zu verschaffen.
> *Tommaso Buscetta, Anhörung vor dem parlamentarischen*
> *Antimafia-Ausschuss, 17. November 1992*

55. Könnten die Kinder der namhaftesten Mafiosi die Cosa Nostra retten?

Die Kinder mancher Mafiabosse sind heute angesehene Freiberufler, Rechtsanwälte oder Notare. Andere haben im Ausland studiert und unterrichten jetzt Geschichte oder Rechtswissenschaften an den besten amerikanischen Universitäten. Wieder andere, die jüngsten, besuchen die besten Schulen Palermos.

Dann gibt es noch die »Vorbelasteten«, die einen zu gewichtigen Namen haben, um sich Hoffnung auf ein normales Leben machen zu können: die Söhne Totò Riinas beispielsweise. Der eine, Giovanni, ist dreißig und schon zu lebenslanger Haft verurteilt worden. Der andere, Salvo, ist – kaum volljährig – wegen Zugehörigkeit zu einer mafiaartigen Vereinigung ins Gefängnis gewandert. Er wird wieder herauskommen. Doch wo soll er mit diesem Namen hin, und was wird er je aus seinem Leben machen können? Wenn er kein Mafioso wird, werden ihn seine mafiosen Landsleute verachten; wird er Mafioso, landet er schnell wieder im Gefängnis. Er wird sein ganzes Leben lang unter Beobachtung stehen, auf Schritt und Tritt.

Auch die Kinder Bernardo Provenzanos werden lebenslang gebrandmarkt bleiben, obwohl es ihnen anders erging als den Söhnen Totò Riinas. Gebrandmarkt sind auch die Spadaro aus der Kalsa, die Ganci aus dem Noce-Viertel und die Madonia aus Resuttana – die gesamte Mafia, die noch als solche in Erscheinung tritt: Die gewalttätige Mafia, die wir kennengelernt haben. Es werden sich wohl nur die retten können, die die Möglichkeit hatten, sich zu entscheiden; wer studiert und beizeiten verstanden hat, dass er nicht ein Leben führen kann wie sein Vater.

Vor ein paar Jahren habe ich den Neffen eines großen Bosses aus der Gegend von Agrigent kennengelernt, der in großen Teilen Westsiziliens das Kommando führte. Er wusste, dass ich mich als Journalist mit der Mafia befasste, er hatte viele meiner Berichte gelesen, er »verfolgte« mich mit einem gewissen Interesse. Wir aßen zusammen in einer Trattoria auf dem Land bei Buonfornello am Fuße des Madonien-Gebirges. Auch ein Verwandter Salvatore Riinas war dabei: Damals versuchte ich gerade, seine Tochter Maria Concetta zu interviewen. Während wir so redeten, erinnerte mich der Neffe des Bosses an einen Artikel, den ich vor langer Zeit über die Ermordung Rosario Livatinos geschrieben hatte. Der Richter, der keinen Begleitschutz hatte, wurde von bewaffneten Killern an einer Böschung eingeholt und in einer Schlucht ermordet. Der Neffe des Bosses erinnerte sich an den Hergang des Verbrechens: »Livatino rannte und rannte …«. Ich bekam eine Gänsehaut. Doch dann fügte er hinzu: »Die Zeiten haben sich geändert, und für Leute wie mich gibt es keinen Platz mehr, man weiß nicht mehr, wohin. Die Welt ist eine andere geworden, mit uns hat es keinen Sinn mehr. Leute mit meinem Namen müssen sich verändern, wenn sie überleben wollen.«

Man wird sehen, ob sie sich wirklich für ein anderes Leben

entscheiden oder ob sie nur die Kleider wechseln und versuchen, sich eine neue Fassade zu geben.

56. Wer wird das neue Oberhaupt dieser sizilianischen Mafia in der Krise?

Viele Experten sehen Matteo Messina Denaro aus Trapani als Totò Riinas Nachfolger. Er ist seit siebzehn Jahren flüchtig und hat als Spross einer alten Familie der Cosa Nostra einen beachtlichen mafiosen Stammbaum vorzuweisen. Er war einer der Protagonisten der Anschläge von 1992 und 1993, pflegt enge Verbindungen zur palermitanischen Cosa Nostra und unterhält Beziehungen zu Reedern, Kunsthändlern und Freimaurern auf der ganzen Welt: ein Mafioso, der alles hat, was nötig ist, um die sizilianische Mafia aus dem Sumpf zu ziehen, in den sie sich hineinmanövriert hat. Die Ermittlungsbehörden jagen ihn seit Jahren, alle paar Monate heißt es, man »sei drauf und dran, ihn zu fassen«. Sollten sie ihn tatsächlich kriegen, schließt sich ein Kapitel der Cosa Nostra. Sollte er hingegen ein neuer Provenzano werden, eine geheimnisumwitterte Erscheinung, die es schafft, jahrzehntelang im Untergrund zu leben, dann hat die sizilianische Mafia eine weitere unsägliche Abmachung getroffen.

Matteo Messina Denaro, der am 26. April 1962 in Castelvetrano in der Provinz Trapani geboren wurde, steht in Italien ganz oben auf der polizeilichen Fahndungsliste. 2007 nahm er unter den Top Ten der meistgesuchten Männer des amerikanischen Wirtschaftsmagazins *Forbes* den fünften Rang ein – Platz eins hielt Osama bin Laden. Er soll jemandem anvertraut haben: »Mit den Leuten, die ich getötet habe, könnte man einen ganzen Friedhof füllen.« Angeblich liebt er Videospiele und Rolex-Uhren über alles. Totò Riina soll ihm sein Geheimarchiv übergeben haben. Er wird als »Fundamentalist« betrachtet, als einer der Unbeugsamsten innerhalb der Cosa Nostra. Vor ein paar Jahren fand die Polizei in einem Versteck Briefe, die Matteo Messina Denaro an seinen alten Freund Tonino Vaccarino geschickt hatte, den ehemaligen Bürgermeister von Castel-

vetrano, der wegen Mafiakontakten verhaftet (und freigesprochen), wegen Drogenhandels vor Gericht gestellt (und
zu sechs Jahren Haft verurteilt) wurde und den der Geheimdienst auf Denaro ansetzte, um auf seine Spur zu kommen.
Der Boss, der seine warmherzigen Briefe mit »Alessio« unter-
schrieb, machte sich darin Gedanken über den Glauben
und die Familie, über Jorge Amado, Daniel Pennac, Bettino
Craxi und Toni Negri. Seinem Freund Tonino schrieb er:
»Ich bin ein Feind der italienischen Justiz, die in ihren Grund-
festen morsch und korrupt ist. Wäre ich zweihundert Jahre
früher geboren, hätte ich mit meinen heutigen Erfahrungen
eine Revolution gegen diesen italienischen Staat angezettelt,
und ich hätte gewonnen; Wohlstand, Fortschritt und Globa-
lisierung lassen die Welt heute anders aussehen, und meine
Methoden wirken archaisch, also bleibe ich ein Träumer und
Idealist, und wir wissen beide, welches Ende den Idealisten
blüht.«

Aus der palermitanischen Monatsschrift S., April 2008

57. Wodurch wurde die aktuelle Krise der Cosa Nostra ausgelöst?

Salvatore Riina aus Corleone wird wohl als derjenige in die
Geschichte eingehen, der die Cosa Nostra in schweres Fahrwas-
ser gebracht hat. Mit Terroranschlägen und Bomben provozierte
er eine Reaktion des Staates, der damit zum ersten Mal gegen
die Mafia aktiv wurde.

Den ersten schweren Schlag, der den Mythos ihrer Unbesieg-
barkeit ins Wanken brachte, erhielt die sizilianische Mafia allerdings durch Tommaso Buscetta. Entscheidend dafür war, dass
Buscetta gegenüber Giovanni Falcone auspackte. Der Mafioso
nannte dem Untersuchungsrichter nicht nur die Namen der
Mitglieder der Organisation, sondern lieferte ihm auch den
Schlüssel zum Verständnis der Cosa Nostra. Ohne jene Zusammenarbeit wüssten wir heute nichts oder nur sehr wenig über
die sizilianische Mafia.

58. War Buscetta der erste Mafiaaussteiger?

Es hatte in Sizilien schon vorher Mafiaaussteiger (*pentiti*) gegeben, auch wenn sie nicht so genannt wurden. Sie galten als »Verrückte«, als »Geisteskranke«, hatten aber viel erzählt oder versucht, viel zu erzählen. Die meisten von ihnen nahmen ein böses Ende.

1979 lernte ich den ersten echten Mafiaaussteiger der modernen Cosa Nostra kennen, der sich der Justiz als Kronzeuge zur Verfügung stellte: Leonardo Vitale. In Palermo nannte man ihn »Leuccio« oder den »Valachi aus der Vorstadt«: nach Joe Valachi, der mit seinen Enthüllungen 1963 die amerikanische Cosa Nostra von der Atlantik- bis zur Pazifikküste hatte erzittern lassen.

Ich traf ihn in Gratteri, einem Dorf im Madonien-Gebirge, in das man ihn noch am Tag seiner Entlassung aus einer Anstalt für psychisch gestörte Kriminelle zum Zwangsaufenthalt geschickt hatte. Er konnte sich in dem Dorf frei bewegen, durfte aber das Gemeindegebiet nicht verlassen. Er erzählte mir von seiner Initiation in die Mafia. Sein Onkel Giovanbattista Vitale, genannt »Titta«, ein Mafioso des Viertels Altarello di Baida, hatte keine Kinder und wollte unbedingt, dass sein Neffe zum Ehrenmann wird. Um seine Eignung als Mafioso auf die Probe zu stellen, hatte er ihn eines Tages mit aufs Land genommen, ihm ein Gewehr in die Hand gedrückt und ihn aufgefordert, ein weißes Fohlen zu erschießen. Ein paar Wochen später hatte der Onkel ihm dasselbe Gewehr ausgehändigt mit dem Auftrag, in der Via Tasca Lanza in Palermo einen Mann zu erschießen. Leuccio war erst siebzehn, als er seinen ersten Mord beging.

1973 stellte sich Leonardo Vitale in Palermo der Polizei und beschloss auszusagen, ohne eine Gegenleistung zu verlangen. Er hatte das gewalttätige Leben nicht mehr ausgehalten und empfand echte Reue. Er beschuldigte zweiundvierzig Mafiosi. Als Erster berichtete er von der Gefährlichkeit und der Macht Totò Riinas innerhalb der Cosa Nostra – das war im Jahr 1973, als der Boss von Corleone in Palermo noch nahezu unbekannt war. Seine Aussagen wurden der Staatsanwaltschaft übergeben. Die

Richter kamen zu dem Schluss, er sei verrückt, ließen seine Aussagen in einer Schublade verschwinden und schickten ihn in die psychiatrische Anstalt von Barcellona Pozzo di Gotto.

Nach vier Jahren wurde Leuccio entlassen und in den Zwangsaufenthalt geschickt. Bei seiner Rückkehr nach Palermo 1984 wurde er ermordet. Die Richter hatten seine zehn Jahre zuvor gemachten Aussagen ignoriert, Totò Riina nicht.

> Das Leben hat es nicht gut gemeint mit mir, und das Böse hat mich schon als Kind erwischt. Dann kam die Mafia mit ihren falschen Gesetzen und ihren falschen Idealen: Diebe bekämpfen, den Schwachen helfen, aber gleichzeitig morden. Verrückt! Die Beati Paoli [vgl. Kap. 88], Coriolano della Floresta [vgl. ebd.], die Freimaurer, das Giovane Italia [Junges Italien; Bewegung des 19. Jahrhunderts zur Einigung Italiens], die neapolitanische und die kalabrische Camorra. Man muss Mafioso sein, um Erfolg zu haben. Das hat man mir beigebracht, und ich habe gehorcht. Meine Schuld ist es, dass ich geboren wurde, dass ich in einer Gesellschaft gelebt habe, in der alle Mafiosi sind und deshalb geachtet werden, die dagegen, die es nicht sind, verachtet werden. Geistesschwäche = seelisches Übel; Mafia = soziales Übel; politische Mafia = soziales Übel; korrupte Behörden = soziales Übel. Das sind die Übel, denen ich zum Opfer gefallen bin, ich, Leonardo Vitale, der ich im Glauben an den wahren Gott wiederauferstanden bin.
>
> *Aus der dreizehnseitigen Aussage, die Leonardo Vitale am 30. März 1973 vor der Polizei in Palermo zu Protokoll gab*

59. Was ist ein Mafiaaussteiger?

Pentiti, das sind jene Mafiosi, die die *omertà*, die Mauer des Schweigens, durchbrochen haben. Ohne sie wäre nie eine Bresche in diese kriminelle Organisation geschlagen worden. Für die Cosa Nostra waren sie Gift.

Mafiosi, die sich der Justiz als Kronzeugen zur Verfügung stellen, waren aber nie sonderlich beliebt. Angefangen mit Tommaso Buscetta, zog man vor allem dann gegen sie zu Felde, wenn sie sich nicht darauf beschränkten, andere Mafiosi zu beschuldigen oder grausame Verbrechen zu gestehen, sondern über Politik redeten. Solche Enthüllungen in einem Ermittlungsverfahren oder einem Prozess werden sofort zu einer »Staatsaffäre«. In Italien gab es schon immer Leute, die vor den Mafia-Kronzeugen eine Heidenangst hatten.

Eine andere Frage ist die Art und Weise des Umgangs mit ihnen, die Überprüfung und Verwendung ihrer Aussagen. In den letzten zwanzig Jahren gab es Staatsanwälte, die mit aussagewilligen Mafiosi vorbildlich umgingen, andere in skandalöser Weise. Das Problem ist nicht der Kronzeuge; das Problem ist, wie man seine Aussagen benutzt. Das größte Problem aber sind diejenigen, die keinen Kronzeugen wollen.

Kein *pentito* gleicht dem anderen. Die einen reden aus Rache, andere aus Kalkül, wieder andere aufgrund eines inneren Leidensdrucks, aber das sind nur wenige. Es gibt solche, die die Wahrheit sagen (häufig aber nicht die volle), solche, die lügen, und solche, die es bereuen, bereut zu haben. Es gibt auch »Bauchredner« unter ihnen, und das sind die gefährlichsten, denn sie sprechen im Namen anderer und wollen die Ermittler gezielt in die Irre führen. Sie erzählen den Staatsanwälten von Caltanissetta »ihre« Wahrheit und fügen damit den Prozessen von Caltanissetta ein Puzzleteilchen hinzu, aber nur, um damit zwei Puzzleteilchen aus den Prozessen in Palermo herauszubrechen. Es gab auch *pentiti*, die nach vielen Jahren im Zeugenschutzprogramm nach Sizilien zurückkehrten, um wieder zu schießen und zu morden.

Jedenfalls kommt es selten vor, dass ein Mafiaaussteiger echte moralische Reue zeigt. Vielleicht war dies sogar nur bei Leonardo Vitale der Fall, der eine tiefe religiöse Krise erlebte.

60. Seit wann gibt es Mafiaaussteiger?

Seitdem der Untersuchungsrichter Falcone auf den Plan trat. Vorher gab es Informanten, die von den Polizeibehörden und den Sondereinheiten angeworben und gesteuert wurden. Über ihre Aussagen haben weder die Richter und Staatsanwälte noch sonst irgendjemand Kontrolle. Die große Wende kam, als der hochkarätige Mafioso Buscetta in den Rang eines Kronzeugen der Justiz erhoben wurde und seine Aussagen auf institutioneller Ebene gewürdigt, zu Protokoll genommen und zu einem wichtigen Instrument der Beweisführung wurden.

Es besteht ein grundlegender Unterschied zwischen der Rolle eines Kronzeugen und der eines Informanten: Das gesetzlich Zulässige ist von Willkür und Illegalität nur durch einen schmalen Grat getrennt. Vor Falcone wurden die Aussagen eines Informanten von den Bullen nach Belieben benutzt (ich sage absichtlich »Bullen« und nicht »Polizei«). Mit Falcone änderte sich dies alles. Die von Buscetta gelieferten Informationen wurden amtlich und flossen in vollem Umfang in die Ermittlungsakten ein – alles unter strikter Einhaltung und Anwendung der Gesetze.

Trotz der Vorschriften kam es manchmal vor, dass bei komplizierten Mafiastrafsachen manche Abteilungen von Polizei und Justiz die Kronzeugen weiterhin so benutzten wie zuvor die Informanten. Mit Versprechungen, Erpressungen und Tauschgeschäften wurden die Ermittler auf eine falsche Spur gelenkt.

61. Inwieweit deckt sich die gerichtlich ermittelte Wahrheit mit der Wahrheit der Fakten?

Die gerichtlich ermittelte Wahrheit enthüllt häufig nur einen Teil, manchmal sogar nur Bruchstücke der Wahrheit. Die Justiz folgt einer anderen Dynamik als die Cosa Nostra. Die Ermittlungen oder ein Prozess dauern Monate oder höchstens ein paar Jahre. Die Cosa Nostra dagegen rechnet – wie früher in der Sowjetunion – in Zehn- oder Zwanzigjahresplänen oder in noch längeren Zeiträumen. Sie verfolgt ein strategisches Ziel und beschränkt sich nicht darauf, das unmittelbare Geschehen zu beurteilen, sondern hat die Zukunft im Blick, bedenkt die Folgen jedes einzelnen Schritts und investiert stets langfristig. Die Justiz führt einen ungleichen Kampf gegen die Mafia, denn die Cosa Nostra hat Zeit, endlos lange Zeit. Das Ergebnis dieses ungleichen Kampfes ist fast immer eine gerichtlich ermittelte Teilwahrheit. Das lässt sich praktisch nicht vermeiden.

Nehmen wir zum Beispiel den sogenannten »Mafiakrieg«, der von Frühjahr 1981 bis Herbst 1983 dauerte. Siebzig Bauern kamen von der Rocca Busambra, dem Berg über dem Ort Corleone, herunter (man nannte sie *peri incritati*, verdreckte Füße) und löschten die Aristokratie der Mafia aus: tausendfünfhundert Tote in Westsizilien innerhalb von zweieinhalb Jahren.

Dieser Mafiakrieg wurde in einer Reihe von Prozessen in Palermo rekonstruiert, die sich über fünfzehn Jahre hinzogen; erfahrene Staatsanwälte und Ermittler folgten dabei streng den Vorschriften. Doch das Ergebnis ist lediglich in straf- und verfahrensrechtlicher Hinsicht als befriedigend zu betrachten. Die historische Wahrheit muss erst noch ergründet werden. Heute noch fragen sich die Sizilianer: Wie kann es sein, dass es jenen siebzig Bauern ohne mafioses Renommee und ohne enorme Reichtümer im Rücken gelang, aus eigener Kraft einen Teil des Systems der Cosa Nostra zu beseitigen, das sich hundertfünfzig Jahre lang behauptet hatte?

Was als Mafiakrieg bezeichnet wurde, war in Wirklichkeit kein Krieg, sondern ein Vernichtungsfeldzug. Tote und Verletzte zählte man letztlich nur auf einer Seite, bei den Gegenspielern der Corleoneser. Aus der gerichtlichen Rekonstruktion ergab sich, dass Totò Riina überall, in jeder Familie Palermos, seine Spitzel eingeschleust hatte. Jeden Zug seiner Feinde erfuhr er in Echtzeit. Die Bosse und Unterbosse aus den traditionellen Mafiafamilien Palermos hatte er für sich gewonnen. Sie verrieten ihre alten Verbündeten und erwiesen sich in der Phase der Vernichtung als entscheidend. Über zehn Jahre lang hatte Totò Riina auf der Lauer gelegen – alle seine Gegner wussten das –, um die Palermitaner zu eliminieren und die Stadt zu erobern. Aber keiner hatte je einen Finger gerührt, um ihn aufzuhalten.

Ich habe mich immer gefragt: Und die anderen, die Opfer, die Inzerillo, Bontate, Di Maggio, Gambino, Badalamenti (also die mächtigsten Bosse mit den meisten Gefolgsleuten, enormen finanziellen Mitteln und Freunden überall), die sich zwanzig Jahre lang von den siebzig Bauern hinters Licht führen ließen, was ist mit denen? Waren sie nur Dummköpfe, die den Corleonesern auf den Leim gingen? Mehr oder weniger so wurde die Geschichte erzählt, ich glaube aber, dass noch etwas anderes dahintersteckt, was bisher noch im Dunkeln liegt. Ich vermute, die Corleoneser konnten sich in ganz Sizilien breitmachen und wurden von irgendjemandem geschützt und dazu benutzt, eine ganze Mafiageneration aus dem Weg zu räumen, die zu viele Geheimnisse hütete: einen Teil der Cosa Nostra, der nicht mehr benötigt wurde. In jenen Jahren war ein anderer Teil der Cosa Nostra gefragt.

Erst viel später haben wir erkannt, wer das war: der Attentäter Totò Riina.

62. Verbergen sich hinter dem Mafiakrieg Staatsgeheimnisse?

Es geht um Geldgeheimnisse – und um noch andere, schändliche Geheimnisse. Eines der vielen Rätsel jenes sogenannten Kriegs war der Fall Sindona. Kurz vor dem Gemetzel, im August und September 1979, versteckte sich der Bankier und Bankrotteur Michele Sindona siebzig Tage lang unter falschem Namen und unter Vortäuschung seiner eigenen Entführung in Sizilien. Die Spatola umsorgten ihn, die Gambino eskortierten ihn, die Bontate versteckten ihn. Alle, die ihm zur Seite standen, starben eines gewaltsamen Todes. Auch alle, die zur vorgetäuschten Entführung ermittelten, wurden ermordet: der Leiter der Kriminalpolizei Palermos, Boris Giuliano, und der Leitende Oberstaatsanwalt von Palermo, Gaetano Costa – ein außergewöhnlicher Polizist der eine, ein Vertreter der Justiz der andere, wie sie im damaligen Sizilien nur selten zu finden waren. Es starben auch all jene, die geahnt hatten, dass Sindonas Anwesenheit etwas mit den Bluttaten von Palermo zu tun haben musste; etwa Pio La Torre, der Parlamentsabgeordnete und Vorsitzende der Kommunistischen Partei Siziliens, der als Erster erkannt hatte, dass die Insel zu einem kriminellen Versuchslabor nicht nur für mafiose Machenschaften geworden war.

Pio La Torre konnte das Sizilianische ins Italienische »übersetzen«. Er verfügte über alle Voraussetzungen, um die Strukturen der Cosa Nostra zu entziffern und dem Vorstand seiner Partei in Rom zu erklären, was damals vor sich ging. Vermutlich lag hier der wahre Grund für seine Ermordung: dass er Sizilianisch und Italienisch sprechen, das heißt in Rom die Vorgänge in Sizilien erklären konnte, wo gerade ein Machtwechsel innerhalb der Mafia stattfand. Sie erschossen ihn mit Maschinenpistolen in einer engen Gasse am Stadtrand von Palermo. Auch sein Chauffeur Rosario Di Salvo kam bei dem Anschlag ums Leben.

Am 30. April 1982 um 9.30 Uhr war ich auf der Piazza Generale Turba in Palermo. Von weitem sah ich ein Bein aus der Tür eines alten Fiat 132 baumeln. Es war das Bein Pio La Torres. Er hatte versucht auszusteigen, als die Killer auf ihn zukamen. Sie waren mit Thompson-Gewehren amerikanischer Herstellung bewaffnet, die bis dahin in Sizilien noch nie für einen Mord benutzt worden waren. Am Schauplatz des Verbrechens befanden sich der Leiter des kriminalpolizeilichen Ermittlungsbüros Ninni Cassarà, Giovanni Falcone und Paolo Borsellino sowie Untersuchungsrichter Rocco Chinnici. Alles Todgeweihte. Ein Fotograf von L'Ora nahm sie gemeinsam auf. Das Foto erschien auf der ersten Seite der Tageszeitung. In den darauffolgenden Jahren mussten sie alle vier sterben.

Es starb auch Michele Sindona.

Die Umstände seiner Reise nach Sizilien geben Anlass, das Blickfeld zu erweitern und den Mafiakrieg in die Erwägungen einzubeziehen. Einige Vorfälle im Zusammenhang mit der Mafia sind mit der Politik verknüpft, die Sindonas gefährliche Machenschaften auf den internationalen Finanzmärkten deckte. Die Bosse hatten gerade angefangen, die enormen Gewinne aus dem Rauschgifthandel zu investieren, nicht nur in Sindonas Banken. Die Cosa Nostra war so weit in den italienischen Staatsapparat eingedrungen und schloss über so lange Zeit Abkommen mit dem Staat, dass es nicht vermessen ist, sich vorzustellen, dass auch andere Kräfte und Institutionen am sogenannten Mafiakrieg beteiligt waren. Totò Riina und die Corleoneser haben nicht alles allein gemacht. Andererseits gab es in Italien schon immer <u>Kräfte, die in den entscheidenden Momenten der Geschichte Italiens falsche Spuren legten und damit verhinderten, dass man der Wahrheit allzu nahe kam.</u>

Michele Sindona, geboren am 11. Mai 1920 in Patti (Provinz Messina), wurde am 22. März 1986 im Hochsicherheitsgefängnis von Voghera (Provinz Pavia) vergiftet. Nach seinem Aufstieg vom Finanzbeamten zu einem der berühmtesten Bankiers der Welt kann er in den sechziger Jahren auf mächtige Freunde in römischen Regierungskreisen und auf die Unterstützung der Finanzabteilung des Vatikans zählen. Zu Beginn der siebziger Jahre stehen vierzig Prozent der Aktien, die an der Mailänder Börse gehandelt werden, direkt oder indirekt unter seiner Kontrolle. Er besitzt Hotelketten und fast fünfhundert Firmen. Auch in den Vereinigten Staaten ist er berühmt. 1973, wenige Monate vor dem Zusammenbruch seines Finanzimperiums, überreicht ihm der amerikanische Botschafter in Rom, John Volpe, die Auszeichnung »Mann des Jahres«. Die Zeitschrift *Time* feiert seinen Auftritt an der Wall Street, wo er die Franklin National Bank übernahm, und nennt ihn den »erfolgreichsten Italiener seit Mussolini«. Ein paar Wochen zuvor hatte Giulio Andreotti den ehemaligen Finanzbeamten aus Patti wegen nicht näher benannter Maßnahmen zur Stützung der Landeswährung als »Retter der Lira« bezeichnet. Doch Sindonas Imperium steht auf tönernen Füßen, es ist auf abenteuerliche Finanzspekulationen gegründet und mit Mafiageldern aufgebaut. 1974 bestellt der Präsident der Banca d'Italia Guido Carli den Rechtsanwalt Giorgio Ambrosoli zum Insolvenzverwalter für Sindonas Banken. Ambrosoli wird am 11. Juli 1979 umgebracht, während der Bankier sich im Schutz der Cosa Nostra in Sizilien versteckt hält und mit einem Haftbefehl der amerikanischen Justiz wegen des Bankrotts der Franklin Bank gesucht wird. Sindona kehrt in die USA zurück, wird verhaftet und nach Italien ausgeliefert. 1986 wird er als Auftraggeber des Mordes an dem Insolvenzverwalter Ambrosoli verurteilt. Zwei Tage nach dem Urteil kommt er durch einen mit Zyankali vergifteten *caffè corretto* zu Tode. Die Ermittlungen endeten mit dem Ergebnis, er habe Selbstmord begangen, und wurden eingestellt. Die Gerüchte über eine mysteriöse »Liste der Fünfhundert« – fünfhundert Italiener, die in den siebziger Jahren über Sindonas Banken angeblich siebenunddreißig Millionen Dollar ins Ausland geschafft hatten – verstummten auch nach seinem Tod nicht.

La Repubblica, 3. März 1995

63. Gibt es über der Cupola der Mafia noch eine höhere Ebene?

Die Cosa Nostra hat niemanden über sich, es gibt keine höhere Ebene, der sie sich zu fügen oder der sie zu gehorchen hat. Es gibt keine dunkle Kraft, die die sizilianische Mafia anweist, gewisse Dinge zu tun und andere zu unterlassen. Doch andere kriminelle Organisationen, Freimaurerlogen oder Geschäftskreise arbeiten in bestimmten Phasen und bei bestimmten Gelegenheiten mit der Cosa Nostra zusammen. Mit der Mafia verbinden sie die von Falcone so genannten Interessenkonvergenzen.

Oberhalb der Führungsspitze der Organisation gibt es keine »dritte Ebene« irgendeiner Art, die Einfluss auf die Ausrichtung der Cosa Nostra nehmen oder sie gar bestimmen würde. Freilich schloss die Mafia in bestimmten Fällen und unter bestimmten Umständen mit ähnlichen Organisationen ein Bündnis oder leistete Hilfe, gewiss nicht uneigennützig. Die in den letzten Jahren in Sizilien begangenen Morde sind der deutlichste Ausdruck einer gezielten Interessenkonvergenz zwischen der Mafia und anderen Machtzentren.

Giovanni Falcone, Konferenz in Villa Igiea über das organisierte Verbrechen, Sommer 1989

64. Wann traten in Sizilien diese Interessen-konvergenzen zutage?

Sie verbergen sich in der langen Liste der prominenten Mafiaopfer Palermos.

Am 9. März 1979 wurde Michele Reina ermordet, der Vorsitzende der Democrazia Cristiana der Provinz Palermo; am 21. Juli 1979 Boris Giuliano, der Leiter der Kriminalpolizei von Palermo; am 25. September 1979 starb Cesare Terranova, ein ehemaliges Mitglied der unabhängigen Linken und des Antimafia-Parlamentsausschusses, kurz vor seinem Amtsantritt als Leiter der Ermittlungsbehörde der Staatsanwaltschaft Palermo; am 6. Januar 1980 traf es den Regionalpräsidenten und Gefolgsmann Aldo Moros, Piersanti Mattarella; am 6. August 1980 den Oberstaatsanwalt Gaetano Costa; am 30. April 1982 Pio La Torre, den Vorsitzenden der Kommunistischen Partei Siziliens; am 3. September 1982 den Carabinieri-General Carlo Alberto Dalla Chiesa; am 29. Juli 1983 den Untersuchungsrichter Rocco Chinnici, der die Stelle von Staatsanwalt Terranova übernommen hatte: <u>allesamt »politische« oder »politisch-mafiose« Verbrechen.</u>

Entschied die Cosa Nostra allein über die Beseitigung dieser Männer? War es einzig und allein Totò Riina, der Bauer aus Corleone, der dieses Blutbad unter hochrangigen Staatsvertretern anrichtete?

Diese Toten fügen sich zu einem Gesamtbild. In diesem sizilianischen Thriller muss diese Liste noch ergänzt werden: durch die Polizeibeamten Antonino *Ninni* Cassarà und Giuseppe *Beppe* Montana; die Carabinieri-Offiziere Emanuele Basile und Mario D'Aleo und Oberst Giuseppe Russo; die Staatsanwälte Pietro Scaglione, Giangiacomo Ciaccio Montalto, Alberto Giacomelli, Rosario Livatino und Antonino Saetta; die Journalisten Mauro De Mauro, Pippo Fava und Mario Francese; den ehemaligen Bürgermeister von Palermo Giuseppe Insalaco; durch Bauunternehmer und den Unternehmer Libero Grassi; durch Regionalbeamte, Universitätsprofessoren, Gerichtsmediziner, Rechtsanwälte und Steuerberater.

Was in Palermo und in Sizilien in den siebziger und achtziger Jahren geschah, hatte es in der westlichen Welt seit der Französischen Revolution nicht mehr gegeben. Alle Vertreter der Oppositionsparteien, die den Strategien der Corleoneser im Wege standen, Vertreter der Minderheitsparteien und der Polizeikräfte, Spitzenvertreter des Staates und der Regionalregierung wurden liquidiert. Hatte dies alles Totò Riina geplant? Er allein?

65. Welche Beziehung gibt es zwischen der Mafia und dem Freimaurertum?

Wenn man sich der Welt der Finanzgeschäfte und der manipulierten Gerichtsprozesse zuwendet und sich mit Finanzkreisläufen oder den Nominierungen für wichtige Ämter befasst, stößt man immer wieder auf Verflechtungen zwischen der Mafia und der Freimaurerei.

Gerichtliche Untersuchungen haben es zwar nie vermocht, diese Verbindung bis ins Letzte nachzuweisen, konnten aber zeigen, dass Mafia und Freimaurerlogen zusammenarbeiteten, um ein gemeinsames Ziel zu erreichen. Nicht wenige Bosse der Cosa Nostra traten einer Loge bei, um ihren Einflussbereich zu erweitern: Stefano Bontate, Michele Greco, Francesco Madonia, Giacomo Vitale und Mariano Agate, um nur einige zu nennen.

Stefano Bontate hatte Anfang der siebziger Jahre einen Plan entwickelt, um die Ehrenmänner in die Freimaurerlogen einzuschleusen. Er forderte sie auf, »Brüder« in den hundertdreizehn über die Insel verstreuten Logen zu werden. Der auf die Cosa Nostra geleistete Schwur absoluter und ausschließlicher Treue durfte dabei natürlich nicht außer Acht gelassen werden. Der Beitritt zu den Freimaurern war nur Mittel zum Zweck, um Unternehmer, Politiker und Beamte kennenzulernen.

Stefano Bontate hatte Großes im Sinn: Er hatte begriffen, dass die Cosa Nostra für ihr Geld (das enorm viele Geld aus dem Drogenschmuggel mit den Vereinigten Staaten) neue Anlagemöglichkeiten brauchte und dafür ihren Radius erweitern musste. Es waren Mafiosi und Freimaurer, die im Sommer 1979 Michele Sindona (Mitglied Nr. 1612 in Licio Gellis Geheimloge P2) in Griechenland abholten, um ihn im Haus des Bosses Rosario Di Maggio im sizilianischen Torretta zu verstecken. Sie organisierten die vorgetäuschte Entführung. Um sie glaubhafter zu gestalten, wurde Sindona mit einem Pistolenschuss am Bein verletzt. Der Schütze war Joseph Miceli Crimi, Vertrauensarzt der Polizei von Palermo und Freimaurer der Loge Camea, des sizilianischen Ablegers der Loge P2.

Zu der Zeit, als sich Sindona in Sizilien verborgen hielt, stand die Kriminalpolizei von Palermo unter der Leitung von Giuseppe Impallomeni, Polizeipräsident war Giuseppe Nicolicchia: der eine Mitglied der Loge P2, der andere Mitglied der Loge OMPAM, die Gelli in Südamerika gegründet hatte. Weitere Logen in Palermo – mit Namen Diaz, Garibaldi, Lux, Palermo und Concordia, die alle unter dem Dach eines Centro Sociologico Italiano in der Via Roma 391 zusammengefasst waren – zählten 1986 den Boss und Cousin des »Papstes«, Salvatore Greco, genannt *L'ingegnere* (der Ingenieur), und den Steuereintreiber und Ehrenmann Nino Salvo zu ihren Mitgliedern. Neben den Bossen gehörten auch der Oberstaatsanwalt Giovanni Nasca und der Vorsitzende der Insolvenzkammer des Landgerichts Palermo, Michele Mezzatesta, dazu. Diese Juristen besetzten strategisch wichtige Positionen im Justizpalast von Palermo: Die Generalstaatsanwaltschaft leitete die Ermittlungen zu Mafiosi nach den erstinstanzlichen Urteilen; und vor der Insolvenzkammer wurden die Wirtschaftsangelegenheiten Palermos verhandelt.

Auch der Steuerberater Nino Buttafuoco und der Herausgeber des *Giornale di Sicilia,* Federico Ardizzone, waren Mitglieder dieser Logen. Ebenso Pino Mandalari, der Wirtschaftsberater Totò Riinas, nachdem der Boss von Corleone 1969 untergetaucht war.

66. Stimmt es, dass die Mafia von den Freimaurern gebeten wurde, sie bei einem Staatsstreich zu unterstützen?

Eigentlich gab es zwei Pläne für einen Staatsstreich. Der eine hatte die Abspaltung Siziliens von Italien zum Ziel und wurde von Sindonas palermitanischen Freunden erdacht, allen voran Joseph Miceli Crimi. Als der Bankrotteur Sindona sich im Sommer 1979 nach Sizilien begab, um die Rückzahlung der in seinen halsbrecherischen Finanztransaktionen verlorenen Gelder an die Cosa Nostra zu beteuern, sprach Miceli Crimi mit den Bossen über einen sizilianischen Staatsstreich, »um den Kommunismus in Italien einzudämmen«. Der Plan wurde fallen gelassen: Der freimaurerische Arzt wurde von Untersuchungsrichter Falcone verhaftet, noch bevor er die Umsetzung seines Putsches in Angriff nehmen konnte.

Zuvor hatte es einen weiteren Plan für einen Staatsstreich gegeben, bei dem die Cosa Nostra ebenfalls um Mithilfe gebeten worden war: In der Nacht zum 8. Dezember 1970 versuchte Fürst Junio Valerio Borghese, der in Salò bereits die Decima Mas befehligt hatte, einen Staatsstreich. Geplant war ein Überfall auf das Innen- und Verteidigungsministerium unter Beteiligung einer Gruppe hoher Offiziere, von Vertretern der extremen Rechten, Agenten der Geheimdienste und natürlich Freimaurern. Der Versuch scheiterte kläglich und hatte durchaus auch eine komische Seite: Unter den Kommandos waren auch Forstwachen: Mitglieder einer Natur- und Umweltschutzpolizei.

Ein paar Monate zuvor hatte Fürst Borghese die Cosa Nostra um Hilfe gebeten, um die Präfekturen und den Sitz des staatlichen Rundfunks RAI in Palermo zu besetzen. Im Gegenzug hatte er versprochen, nach dem Staatsstreich werde es eine Amnestie für viele Ehrenmänner geben, angefangen mit Vincenzo und Filippo Rimi, den wegen Mordes zu lebenslanger Haft verurteilten Mafiabossen von Alcamo. Innerhalb der Cosa Nostra entstand eine Debatte über die Beteiligung an dem Staatsstreich. Bosse wie Giuseppe Di Cristina waren einverstanden; andere wie Gaetano Badalamenti und Salvatore Greco *Cicchiteddu* ließen sich nicht überzeugen.

Als Vermittler zwischen dem Fürsten Borghese und den Mafiosi trat ein gewisser Carlo Morana auf, ein Freimaurer und Bruder eines Mafioso aus der palermitanischen Familie vom Corso dei Mille. In der Verhandlung hatten die Befürworter schon fast die Oberhand gewonnen, als Junio Valerio Borghese die Bosse wissen ließ, zur Stunde X, also in der Nacht zum 8. Dezember, sollten sich die Mafiosi eine grüne Armbinde als Erkennungszeichen anlegen. Außerdem sollte die Cosa Nostra dem Fürsten vorab die Liste der Ehrenmänner zukommen lassen, die an dem Staatsstreich teilnahmen. Darauf zog die Cosa Nostra es vor, den Fürsten Borghese seinem Schicksal zu überlassen.

> Die für Gesamtsizilien zuständige Kommission entscheidet über Probleme, die über den einzelnen Stadtteil hinausgehen. Wenn es beispielsweise darum ginge, einen Staatsstreich zu beschließen, würde diese Kommission zusammenkommen.
>
> *Tommaso Buscetta, Anhörung vor dem parlamentarischen Antimafia-Ausschuss, 17. November 1992*

67. Schützt die Mafia die Politik oder umgekehrt die Politik die Mafia?

Mafia und Politik wurden bisweilen ununterscheidbar. Ein Name steht stellvertretend für alle: Vito Ciancimino. Er war elf Tage Bürgermeister von Palermo, lenkte aber mehr als dreißig Jahre die Geschicke der Stadt. Ciancimino stammte aus Corleone wie Bernardo Provenzano, der ihn in der Hand hatte. In seinem Haus in der Via Sciuti wurde die Politik Palermos gemacht, er erteilte die Befehle, die anderen gehorchten. Alle wussten, dass Vito Ciancimino ein Mafioso und der Statthalter der Corleoneser in der sizilianischen Politik war, doch jahrzehntelang schwiegen alle: Staatspräsidenten, Ministerpräsidenten, Regionalpräsidenten, Minister, die Chefs von Polizei und Geheimdiensten, die Führung der Democrazia Cristiana und der anderen Mehrheitsparteien, die Vier- oder Fünf-Parteien-Koalitionen bildeten.

Don Vito war Baustadtrat in Palermo. In einer einzigen Nacht erteilten er und seine Verbündeten bei der Mafia fünf mittellosen Rentnern – Strohmännern der Mafia – 3011 Baugenehmigungen. Damit begann der *sacco di Palermo*. Die »Plünderung Palermos« war die skrupelloseste Bauspekulation im Italien der sechziger Jahre. Die Orangen- und Zitronenhaine der Conca d'Oro, des Goldenen Beckens, wurden gnadenlos zubetoniert. Wo einst die Villen aus dem 18. Jahrhundert standen, wurden Mietskasernen hochgezogen. Nachts wurden die Jugendstilvillen in die Luft gesprengt, am nächsten Tag rückten die Bagger an. Symbol dieser Zerstörung ist die Villa Deliella, die 1905 von dem sizilianischen Architekten Ernesto Basile entworfen worden war.

Der Corleoneser Vito Ciancimino entstammte einer bäuerlichen Kultur. Als Baustadtrat erweiterte er Palermo ins Landesinnere hinein, so dass die Stadt jetzt dem Meer die kalte Schulter zeigt. Vito Ciancimino hat Palermo zu einer hässlichen Stadt gemacht. Zu seinem Nachfolger im Amt des Baustadtrats erwählte er einen seiner Getreuen: einen Blinden. Bauunternehmer seines Vertrauens wurde Francesco »Ciccio« Vassallo.

> Er war ein Fuhrknecht und kaum in der Lage, seinen Namen unter ein Dokument zu setzen. Doch mit einem Schlag wurde er zum Bauunternehmer, und die Cassa di Risparmio gewährte ihm einen Kredit von 700 Millionen Lire. Er wurde der Bauherr halb Palermos, stampfte riesige Siedlungen aus dem Boden, zahllose Mietskasernen mit Hunderten von Wohnungen. Vassallos Häuser – oft auch nur die Kellergeschosse – wurden von der Gemeinde und der Provinz angemietet und für schulische Zwecke ausgewiesen, auch wenn die dafür notwendige Grundausstattung gar nicht vorhanden war.
>
> Jahr für Jahr zahlte die Gemeinde Palermo 180, die Provinz Palermo 210 Millionen Lire Miete an Vassallo – insgesamt 391 Millionen 570 000 Lire: für sechs Mittelschulen, drei Lehrerbildungsanstalten, drei Fachoberschulen und zwei

naturwissenschaftliche Gymnasien [...]. Viele aus der Führung der Democrazia Cristiana betrachteten ihn als Wohl-
täter, der eine gute Ausbildung in Palermo möglich machte.
Laut dem Antimafia-Pool wurde der Bau schulischer Ein-
richtungen in Palermo von dem Mitglied der Democrazia
Cristiana und ehemaligen Baustadtrat Vito Ciancimino
geplant. Dank seiner konnte Vassallo »sein Schulbauprojekt
umsetzen, da er sich auf eine Macht stützte, die außerhalb
des Gesetzes stand und mit Hilfe der Provinz- und Stadtver-
waltung Palermo ausgeübt wurde«.
Dem Zwangsaufenthalt in einer entlegenen Gemeinde
wegen des Verdachts auf Zugehörigkeit zur Mafia konnte
sich Vassallo entziehen, da er überall gute Freunde hatte.

Giuliana Saladino, aus: Mauro De Mauro.
Una cronaca palermitana, *1972*

Ein weiteres spektakuläres Beispiel für die Kungelei zwischen Mafia und Politik sind die Vettern Nino und Ignazio Salvo.
Die beiden Steuereintreiber und Mitglieder der Democrazia
Cristiana waren die wichtigsten Financiers der Andreotti-Strömung der Partei (aber nicht nur dieser) im westlichen Sizilien
und enge Verbündete Salvo Limas. Sie stammten aus Salemi
und waren Ehrenmänner. Mit ihrem unermesslichen Reichtum beherrschten sie jeden Winkel Siziliens. Sie hatten Richter,
Staatsanwälte und Polizisten in der Hand, wählten die Abgeordneten aus und bestimmten sogar Minister. Sie waren die Vize-
könige Siziliens und blieben bis zum Auftauchen des Untersuchungsrichters Falcone unantastbar.

Italien hatte bis 2005 ein System beibehalten, nach dem Pri-
vatfirmen im staatlichen Auftrag bestimmte Steuern eintreiben
konnten. Im übrigen Italien bekamen diese Firmen eine Provi-
sion von 3,5 Prozent, die Firma Satris dagegen, die den Vettern
Salvo gehörte, durfte 6,72 Prozent des Steuerertrags behalten,
in manchen Jahren fast zehn Prozent: ein auf Korruption gegrün-
detes feudales System. Und die Salvo schmierten alle: die Parla-
mentsmehrheit, die Opposition, die Zeitungen, die Parteien.

Beim Prozess in Palermo, wo Giulio Andreotti wegen Zugehörigkeit zur Mafia angeklagt und dann freigesprochen wurde, waren Nino und Ignazio Salvo die Hauptbelastungszeugen. Sie hatten zwanzig Jahre lang seine Strömung innerhalb der Democrazia Cristiana finanziert, doch Andreotti bestritt stets inständig, sie zu kennen. Bei Ignazio Salvo soll das berühmte Treffen stattgefunden haben, bei dem Totò Riina und Giulio Andreotti den Bruderkuss tauschten. Davon hatte Riinas Chauffeur Balduccio Di Maggio berichtet. Ob es diesen Kuss wirklich gab, werden wir nie erfahren. Der palermitanische Schauspieler Ciccio Ingrassia, ein hervorragender Kenner der sizilianischen Mentalität, meinte dazu: »Ich weiß nicht, ob sich Andreotti und Riina geküsst haben, aber wenn sie sich getroffen haben, haben sie sich auch geküsst.«

Nino Salvo starb 1986 in einer Schweizer Klinik an Krebs, Ignazio Salvo wurde im September 1992 von den Corleonesern getötet. Totò Riina zufolge hatte er nicht genug getan, um die Cosa Nostra vor Falcones Maxi-Prozess zu bewahren.

68. Steht die Mafia politisch rechts oder links?

Die Mafia kennt keine Ideologie, sie steht weder rechts noch links. Sie stellt sich auf die Seite der Macht und hat sich in den Machtstrukturen eingenistet.

Für manche verfolgte die sizilianische Cosa Nostra seit jeher ein politisches Projekt, was sie von den anderen kriminellen Organisationen unterscheide und so gefährlich mache. Andere glauben, dass die Mafia – abgesehen von ganz wenigen Ausnahmen – nie Politik gemacht hat, sondern stets nur eine Trittbrettfahrerin der Politik war. Sie habe sich immer auf die Seite der Sieger gestellt und ihr Mäntelchen nach dem Wind gehängt. Eine politisch nicht autonome Cosa Nostra also, die keine führende politische Rolle spielt, kein politisch handelndes Subjekt und schon gar keine Partei ist.

In jedem Fall pflegte die Mafia immer sehr enge Beziehungen zur Politik. Die Anziehungskraft zwischen Mafia und Politik war seit jeher stark.

Diese Beziehung hat sich im Laufe der Jahrzehnte gewandelt, beispielsweise wenn bestimmte Parteien ihr nicht mehr die alte Rückendeckung gewähren konnten. Auch der globale politische Wandel spielte eine Rolle: das Ende des Kalten Kriegs, als Italien seine strategisch wichtige weltpolitische Rolle als Bollwerk gegen den Kommunismus einbüßte und die Cosa Nostra als sizilianische geheime Gladio-Organisation zur Abwehr eines potenziellen kommunistischen Angriffs und als Garant der politischen und sozialen Ordnung auf der Insel nicht mehr gefragt war. Gladio war eine paramilitärische Geheimorganisation der westlichen Geheimdienste in West- und Südeuropa.

> Die Politik ist unser Lebenselement wie das Wasser für die Fische. Die Parteien haben uns im Grunde nie interessiert. Uns interessierten die Dinge, die uns etwas einbrachten. Es stimmt, dass wir gegenüber den Linken und den Rechten immer argwöhnisch waren, sie waren ja unsere Erzfeinde, besonders die Kommunisten und die Faschisten. Aber nach dem Fall der Berliner Mauer vollzogen sich auf internationaler Ebene bedeutsame Veränderungen: Russland gibt es nicht mehr, Amerika hat nicht mehr dieses Feindbild vor Augen, und womöglich ist die Mafia für Amerika deshalb nicht mehr interessant, weil die Kommunisten am Ende sind.
>
> *Der Mafiaaussteiger Antonino Giuffrè gegenüber Staatsanwalt Pietro Grasso im November 2001*

Unmittelbar nach dem Zweiten Weltkrieg setzte die Cosa Nostra kurzzeitig auf den Separatismus, auf ein von Italien unabhängiges Sizilien. Zum ersten Mal wurde die Mafia jetzt so etwas wie ein politisch handelndes Subjekt: Sie setzte sich für die *sicilianità* ein, die Eigenständigkeit Siziliens. Bosse wie Paolino Bontate, Giuseppe Genco Russo, Calogero Vizzini und Michele Navarra traten vorübergehend der Bewegung für die Unabhängigkeit Siziliens bei. An der Seite des Separatismus und der Mafia standen jetzt erneut die Adligen, die ihre Latifundien zu verteidigen suchten: die Grafen Tasca, die Herzöge von Carcaci, die Barone La Motta. Der erste Bürgermeister von Palermo nach der Landung der Alliierten auf Sizilien im September 1943 war einer von ihnen: Graf Lucio Tasca, Großgrundbesitzer und einer der Wortführer der separatistischen Bewegung.

Das Projekt »Sizilien den Sizilianern« war aber nur ein Strohfeuer, das schnell wieder erlosch. Danach unterstützten die Bosse sofort die rechten Bewegungen – von den Monarchisten bis zu den Liberalen – und stellten sich schließlich auf die Seite derer, die die tatsächliche Macht erobert hatten: der Democrazia Cristiana.

In den folgenden Jahren lockte zwar immer wieder die Idee einer Unabhängigkeit Siziliens, aber das Engagement fiel kaum ins Gewicht. Nach 1992 entschloss sich die corleonesische Mafia unter Führung Leoluca Bagarellas, eine Art Mafiapartei zu gründen: Sicilia Libera (»Freies Sizilien«), die sich gleichfalls die Unabhängigkeit Siziliens auf die Fahnen geschrieben hatte. Doch Bagarella wurde von alten Mafiosi wie Bernardo Provenzano zurückgepfiffen: Sie überzeugten ihn, dass es besser war, sich neue Mittelsmänner zur Politik zu suchen, statt selbst politisch aktiv zu werden. Jenseits der politischen Bestrebungen und Strategien des neuen sizilianischen Regionalpräsidenten Raffaele Lombardo sympathisiert die Cosa Nostra heute wahrscheinlich mit seiner Bewegung für die Autonomie Siziliens (MpA, Movimento per le Autonomie). Der sizilianische Separatismus besitzt für die sizilianische Mafia nach wie vor einen großen Reiz.

Die Verflechtungen zwischen Mafia und Politik waren schon immer in stetigem Wandel begriffen. Ende der siebziger Jahre begannen die Beziehungen der Cosa Nostra zu den herrschenden Parteien allmählich zu bröckeln. Einige Spitzenvertreter der sizilianischen und auch der gesamtitalienischen Democrazia Cristiana galten den Bossen der Cosa Nostra nicht mehr als vertrauenswürdig genug, um von ihnen die strafrechtliche Immunität garantiert zu bekommen. In dieser Zeit begann der Aufstieg der Corleoneser innerhalb der sizilianischen Mafia. Die Bosse von Corleone beanspruchten jetzt die Befehlsgewalt über die Politik, und die sizilianische Mafia fing an, Politiker umzubringen. Die Ermordung Salvo Limas im Jahr 1992, des mächtigsten Politikers der Democrazia Cristiana auf der Insel, markierte diesen Bruch zwischen der Mafia und der Politik am deutlichsten.

Nach 1992, nach den tödlichen Anschlägen auf Falcone und Borsellino, nach der Operation Saubere Hände (*Mani pulite*) zur Aufdeckung politischer Korruption und nach dem Zusammenbruch des alten Parteiensystems, demonstrierte die Cosa Nostra noch einmal ihren Willen zur Macht. Wie mehrere Kronzeugen der Justiz berichteten, tat sich die Mafia mit Forza Italia zusammen. Für einige Beobachter ist die zeitliche Nähe zwischen den Attentaten und der Entstehung dieser neuen, von Marcello Dell'Utri und Silvio Berlusconi gegründeten Partei beunruhigend. Für andere tat die Cosa Nostra nichts weiter, als erneut diejenigen politischen Kräfte zu unterstützen, die in diesem Moment die siegreichen zu sein schienen.

Heute sieht es so aus, als habe sich das Verhältnis von Mafia und Politik umgekehrt: Die Politik scheint die Befehlsgewalt über die Mafia zu haben, auch deshalb, weil die Cosa Nostra derzeit nicht mehr so mächtig ist wie einst. Eines aber ist sicher: Ohne die Politik könnte die Mafia nicht überleben.

69. Spielen die Wählerstimmen der Mafia in Sizilien heute immer noch eine Rolle?

Sie fallen noch heute ins Gewicht, vor allem in den Vorstädten und Dörfern, wenn auch nicht mehr so stark wie früher. Auch die Strategie der politischen Infiltration der Mafia hat sich geändert. Früher gab es Parteien, die sichere Bezugspunkte der Mafia waren, wie die Democrazia Cristiana. Heute setzen die Mafiosi nicht so sehr auf eine Partei, sondern auf einzelne Personen, die ihnen nützlich sein können. Eines der jüngsten Beispiele ist Giovanni Mercadante, ein Regionalratsabgeordneter von Forza Italia in Sizilien, ein hochangesehener Radiologe aus Palermo, der in erster Instanz zu zehn Jahren und acht Monaten Haft verurteilt wurde. »Der Abgeordnete Mercadante ist eine

Kreatur Provenzanos«, gaben mehrere Mafiaaussteiger zu Protokoll.

Die Wählerstimmen werden zwar nach wie vor kontrolliert, aber nicht mehr in dem Maße wie früher. Vor dreißig, vierzig Jahren genügte es, wenn sich der örtliche Mafiaboss mit »seinem« Kandidaten Arm in Arm auf dem Corso zeigte, um allen zu verstehen zu geben, dass sie ihn zu wählen hatten. Ein Spaziergang am Tag vor der Wahl genügte.

Auf Grundlage der Aussagen einiger Kronzeugen im Maxi-Prozess von Palermo betrachtet Staatsanwalt Giuseppe Ayala Schätzungen als zuverlässig, denen zufolge die Cosa Nostra Ende der achtziger Jahre 180 000 Wählerstimmen allein in Palermo unter ihrer Kontrolle hatte. Der Mafiaaussteiger Antonino Calderone gab Falcone gegenüber zu Protokoll, allein in Catania kontrollierten die verschiedenen Mafiagruppen 180 000 Stimmen. »Nicht weniger als sechs, sieben Gemeinderäte wurden mit den Stimmen der Mafia gewählt, und die Mafia von Catania kann mindestens drei Regionalräte ins sizilianische Regionalparlament schicken«, klagte damals Enzo Bianco vom Partito Repubblicano (PRI), der Republikanischen Partei Italiens. Wenn wir diesen Schätzungen Glauben schenken – mehr als 350 000 Stimmen allein in Palermo und Catania –, können wir davon ausgehen, dass die Bosse in Sizilien insgesamt mindestens eine halbe Million Wählerstimmen kontrollierten, mehr als zehn Prozent der gesamten Wählerschaft.

Ich bezweifle, dass das heute noch so ist. In jedem Fall konzentriert sich das politische Votum weniger auf eine einzelne Partei, sondern verteilt sich auf mehrere Kandidaten. Zwar gibt es immer noch einen regen Austausch zwischen der Mafia und der Politik, doch die Modalitäten haben sich geändert. Jede Mafiagruppierung setzt heute auf ihren eigenen Kandidaten, den sie als ihr persönliches Kapital innerhalb der Familie betrachtet und nicht als den Kandidaten der Organisation Cosa Nostra. Die Mafia probiert neue Methoden der politischen Infiltration aus und ist offen für alles, was für sie profitabel ist.

70. Giulio Andreotti: beschuldigt, vor Gericht gestellt, freigesprochen – ein Beweis für die engen Verflechtungen zwischen Mafia und Politik?

Das Ende des Andreotti-Prozesses fiel in die Hochphase der Normalisierung des Kampfes gegen die Mafia, als keine spektakulären Attentate mehr stattfanden und es dem Anschein nach »ruhig« um die Mafia wurde.

Der Prozess zog sich in der ersten Instanz über sechs Jahre hin und endete am 23. Oktober 1999 mit dem Freispruch des Senators auf Lebenszeit. In zweiter und dritter Instanz wurde das Urteil teilweise modifiziert. Andreotti wurde zwar vom Vorwurf der Zugehörigkeit zu einer mafiaartigen Organisation freigesprochen, aber für schuldig befunden, bis Frühjahr 1980 einer kriminellen Vereinigung angehört zu haben. Dieser Straftatbestand war jedoch inzwischen verjährt.

Andreotti wurde im Prozess von Palermo zwar freigesprochen, es wurde aber auch nachgewiesen, dass der einflussreichste Politiker Italiens jahrelang mit den Bossen von Palermo in Kontakt gestanden hatte. Ein Großteil der aussagewilligen Mafiosi, die ihn beschuldigten, wurde nicht als unglaubwürdig angesehen, im Gegenteil. Dennoch wurde Giulio Andreotti unter Berufung auf Artikel 530, Absatz 2 des italienischen Strafgesetzbuches aus Mangel an Beweisen freigesprochen. Die Richter waren der Ansicht, das Belastungsmaterial reiche für eine Verurteilung nicht aus. Die Staatsanwälte hatten ein Gesamtbild der Anklage erstellt, doch die Richter entschieden sich, die einzelnen Vorwürfe getrennt zu bewerten. So kam es zum Freispruch des Politikers, der bis dahin wie kein anderer Italien repräsentiert hatte. Er war sieben Mal Ministerpräsident und einundzwanzig Mal Minister gewesen.

> Bis auf die Punischen Kriege, für die ich noch zu jung war, hat man mir so ziemlich alles angehängt.
> *Eine Giulio Andreotti zugeschriebene Äußerung*

Die nach dem Urteilsspruch aufbrechenden Polemiken verfolgten häufig einen bestimmten Zweck und vergifteten das Klima. Jetzt begann ein Krieg gegen Richter und Staatsanwälte, in dem jedes Mittel der Diskreditierung recht war. Es wurden vehemente Angriffe gegen die »roten Roben« erhoben, gegen eine Justiz, die man als »politisiert« und »kommunistisch« diffamierte, wenn sie einen Mächtigen vor Gericht stellte.

Auch innerhalb der Antimafia kam es zu heftigen Debatten, insbesondere über die Rolle Giulio Andreottis in Italien zwischen 1965 und 1990. Viele forderten eine Differenzierung zwischen der historisch-politischen und der gerichtlich ermittelten Wahrheit. In der Anklageschrift des Antimafia-Pools von Palermo sahen einige die Rekonstruktion der »wahren Geschichte Italiens« – eine These, die andere entschieden ablehnten.

Es ist einfach, im Nachhinein darüber zu diskutieren, ob der Prozess gegen Andreotti hätte geführt werden sollen oder nicht. Das eigentliche Problem aber liegt woanders: Hat irgendjemand, einschließlich der Richter und Staatsanwälte, ernsthaft über all das nachgedacht, was im Umfeld dieses Prozesses geschehen ist? Hat irgendjemand, einschließlich der Richter und Staatsanwälte, angesichts der Ergebnisse dieses Prozesses jemals Selbstkritik geübt?

Und schließlich – und das ist eine Frage, die wir uns alle stellen müssen, immer wieder, auch in Zukunft und auch im Hinblick auf andere führende Politiker: Kann man jedes Mal, wenn ein Mafiaverdacht besteht, gleich einen Prozess anstrengen? Man kann nicht von einem Extrem ins andere fallen und entweder überall die Mafia sehen oder nirgends, so wie es in der Vergangenheit auch herausragende Richter und Staatsanwälte getan haben.

71. Hat die Justiz gleichfalls die Mafia gedeckt?

Die Justiz war lange Zeit Teil eines Machtgefüges, das als Garant der Cosa Nostra fungierte. Im Namen von Recht und Gesetz verteidigte oder tolerierte sie das in Palermo herrschende mafiose Bürgertum. Sie verteidigte die Adligen und Feldhüter gegen die Bauern. Sie verteidigte die Großgrundbesitzer gegen die Gewerkschafter. Vor Falcone – und bis auf wenige Ausnahmen – konnten sich die Bosse sicher fühlen: vor dem Amtsrichter in einem abgelegenen Provinznest ebenso wie vor den Richtern am Obersten Gerichtshof.

Wurden Mafiosi vor Gericht gestellt, fanden sie stets einen Ausweg: Sie redeten mit den Richtern. Unter Beihilfe von Anwälten, Politikern, Unternehmern und anderen Richtern, die auf die für das Verfahren zuständigen Richter zutraten, wurden die Verfahren »zurechtgebogen«. Und plötzlich existierten keine Beweise mehr für die Zugehörigkeit der Angeklagten zur Mafia. Die Polizeiberichte enthielten nur noch Listen »mutmaßlicher Mafiosi«. Es gab keine Belastungszeugen mehr. Stattdessen tauchten immer mehr Zeugen auf, die die Angeklagten entlasteten. Und viele Richter und Staatsanwälte sahen weg. Wer von der Mafia sprach, galt als Schwärmer und Phantast.

Zwei große Prozesse Ende der sechziger Jahre endeten mit massenweise Freisprüchen aus Mangel an Beweisen: der Prozess gegen die Mafia von Palermo mit 114 Angeklagten (Urteilsspruch am 22. Dezember 1968), der in Catanzaro geführt wurde, und der Prozess gegen die Mafia von Corleone mit 64 Angeklagten (Urteilsspruch am 10. Juni 1969), der in Bari geführt wurde. Damals wurden die Prozesse gegen die Mafia wegen Befangenheit an Gerichte außerhalb Siziliens verlegt, da der Verdacht bestand, die Gerichte in Palermo seien in irgendeiner Weise beeinflussbar.

In Bari hinter Gittern saßen auch Luciano Liggio und Salvatore Riina (Bernardo Provenzano, gleichfalls angeklagt, war damals bereits seit sechs Jahren flüchtig), die nach dem Freispruch sofort untertauchten. Liggio wurde ein paar Jahre später aufgespürt, Riina erst nach einem Vierteljahrhundert. Die Prozesse waren eine Bankrotterklärung der Justiz in ihrem Kampf gegen die Mafia. Für die Mafiosi war das Gefängnis damals nur eine

Durchgangsstation. Sie wussten, dass sie schnell wieder auf freiem Fuß sein würden.

Den Ausgang dieser Prozesse nahm sich Giovanni Falcone zu Herzen: Die Fehler der Vergangenheit sollten sich nicht wiederholen.

72. Welcher Prozess ist beispielhaft für diese »zurechtgebogene« Rechtsprechung zugunsten der Cosa Nostra?

Ein gutes Beispiel ist der Prozess gegen die Mörder des Carabinieri-Hauptmanns von Monreale (Provinz Palermo), Emanuele Basile. In der Nacht zum 5. Mai 1980 wurde Basile von drei Killern der Mafia getötet. Auf dem Arm hielt er seine vierjährige Tochter Barbara. Die Mörder – Giuseppe Madonia, Vincenzo Puccio und Armando Bonanno – wurden noch in derselben Nacht festgenommen, aber es dauerte siebzehn Jahre, bis sie vor dem Kassationsgericht – also in letzter Instanz – rechtskräftig verurteilt wurden.

Die Cosa Nostra bemühte sich, den Prozess in allen Phasen zurechtzubiegen. Mehrfach versuchte sie, die Gutachter zu bestechen; die Richter am Schwurgericht wurden bedroht. Dann, am 25. September 1988, wurde Richter Antonino Saetta, der Madonia, Puccio und Bonanno in der Berufung verurteilt hatte, auf Totò Riinas Befehl getötet. Er war mit seinem Sohn Stefano auf dem Heimweg von der Taufe eines Enkels in Canicattì. Die beiden starben im Kugelhagel der Maschinenpistolen.

Der Prozess gegen Basiles Mörder war der skandalöseste, der in den letzten fünfzig Jahren in Sizilien stattfand. Die Richter der ersten Kammer des Schwurgerichts befanden die Angeklagten für nicht schuldig – mit folgender Begründung: »Paradoxerweise muss man schlussfolgern, dass es mit einer geringeren Zahl von Indizien für das Gericht unproblematischer, wenn nicht sogar sicher gewesen wäre, die Schuld der Angeklagten festzustellen.«

Einen Tag, nachdem die Richter die Angeklagten »aufgrund

zu vieler Indizien« freigesprochen hatten, schickten sie die Mörder zum Zwangsaufenthalt in drei Dörfer Sardiniens. Eine Woche später waren Madonia, Puccio und Bonanno an Bord eines Motorboots und fingen bald darauf wieder an, in den Straßen von Palermo zu schießen.

Damals – es ist gerade einmal zwanzig Jahre her – waren die sizilianischen Gerichtshöfe die Garanten der politischen und der mafiosen Macht. Nur sehr wenige Richter und Staatsanwälte bekämpften dieses kriminelle Phänomen, viele zeigten sich gleichgültig, einige waren sogar Komplizen der Mafia, unter ihnen hohe Justizbeamte. Im Justizpalast von Palermo, Trapani und Agrigent gab es Staatsanwälte, die vor den Mafiabossen entweder erzitterten oder enge Beziehungen zu ihnen pflegten. Und es gab Gerichtspräsidenten, die im Ruf standen, »Ehrenmänner« zu sein. Die Strafverfahren wurden außerhalb der Gerichtssäle entschieden. Auch der Generalstaatsanwalt des Gerichtsbezirks Palermo, Emanuele Pili, verkehrte mit Michele Greco, er besaß sogar die Schlüssel zu dessen Landgut La Favarella. Lebenslange Freiheitsstrafen erhielten nur psychische Wracks, niemals »Ehrenmänner«.

In den 1970er Jahren hatten die Generalstaatsanwälte das Wort »Mafia« aus ihren Reden zur Eröffnung des Gerichtsjahres gestrichen. Sie nahmen keinen Bezug mehr auf die Mafia. Sie betrachteten sie als erledigt, als tot. Und ein Mafioso, der auspackte, konnte kein echter Mafioso sein, weil »Mafiosi nicht reden«. Die Cosa Nostra existierte für sie nicht mehr. Doch es war die Zeit unmittelbar vor dem Angriff Totò Riinas auf den Staat. Palermo war ein Sumpf, und die Justizbehörden steckten mitten drin.

Mit Falcone änderte sich alles. Seine Ankunft im Justizpalast Palermo markierte eine Revolution, einen Generationswechsel und kulturellen Bruch: den Abschied von den Richtern und Staatsanwälten, die nichts sahen und nichts hörten. Im Kampf der Justiz gegen das mafiose Verbrechen gibt es eine Zeit vor und eine Zeit nach Giovanni Falcone.

73. Hat auch der Polizeiapparat die Mafia geschützt?

Die älteren Reporter, mit denen ich zu Beginn meiner journalistischen Laufbahn in der palermitanischen Zeitung *L'Ora*
zusammenarbeitete, erzählten mir, Luciano Liggio, der Boss von
Corleone, habe nur deshalb untergetaucht bleiben können, weil
er vom Polizeichef gedeckt worden sei. Damals erschien mir das
eine lokale Legende, ein Gerücht, um sich die lange Unauffind-
barkeit des Bosses zu erklären. Ich habe nie herausgefunden, ob
Liggio tatsächlich von einem Polizeichef beschützt wurde, aber
je mehr ich mich mit den Geheimnissen der Cosa Nostra be-
schäftigte, desto mehr wuchs meine Gewissheit, dass man vielen anderen Bossen gefällig gewesen war, so dass sie unbehelligt im Untergrund leben konnten. In ihrem eigenen Haus. Die
Wahrheit ist, dass niemand sie gesucht hat. Sie konnten sich frei
und ungehindert in Palermo bewegen. Einige steckbrieflich Ge-
suchte wie Saro Riccobono oder Gaetano Badalamenti besuch-
ten sogar ihre Freunde im Ucciardone-Gefängnis der Stadt, die
in dem berüchtigten Trakt der Bosse untergebracht waren. Sie
konnten machen, was sie wollten.

In den sechziger und siebziger Jahren waren die Mafiosi die
unumschränkten Herren von Palermo. Anders lässt es sich nicht
erklären, warum so viele von ihnen so lange untergetaucht bleiben konnten. Totò Riina war fünfundzwanzig, Bernardo Provenzano dreiundvierzig Jahre lang unauffindbar. Das war nur möglich, weil er geschützt wurde. Weil irgendjemand dafür sorgte,
dass er in Freiheit blieb.

> Wir Untergetauchten sind es gewohnt, mit Frau und Kin-
> dern zu leben, denn man lässt uns einigermaßen in Ruhe.
> Ich war viele Jahre untergetaucht und hatte immer meine
> Frau und meine vier Kinder an meiner Seite. [...] Auch wenn
> Polizisten auf Streife waren und ein Auto mit drei Insassen
> an Bord entdeckten, hielten sie nicht an. Das habe ich selber
> erlebt, als ich in einer Parallelstraße zum Viale della Regione
> Siciliana unterwegs war, um jemanden umzubringen [...].
> Wir haben den Mord dann ausgeführt. [...] Wir haben sie von

weitem gesehen und sie uns sicher auch. Sie waren in einem hellgelben 128er Fiat unterwegs, welche vom Greifkommando; ein sehr gefährliches Auto: Sie sind auf eine Erdaufschüttung raufgefahren und hätten sich fast überschlagen, um uns vorbeizulassen. Das war leider damals die Realität.

Gaspare Mutolo, Anhörung vor dem parlamentarischen
Antimafia-Ausschuss, 9. Februar 1993

74. Warum galten die Mafiosi als unantastbar?

Es gab eine Komplizenschaft, eine stillschweigende Übereinkunft, sich gegenseitig in Ruhe zu lassen. Die Bosse der Cupola, die alten Paten, garantierten den »sozialen Frieden«, die Ruhe und die öffentliche Ordnung. In Palermo gab es keine Fälle von Handtaschenraub, keine Entführungen, keine Spannungen. Es herrschte eine surreale Stille. Die Mafia kontrollierte das Territorium besser als die Polizei, dafür blieb sie von strafrechtlichen Ermittlungen verschont. Die Bosse »redeten« mit hohen Polizeibeamten und Beamten des Innenministeriums, man traf sich und tauschte Gefälligkeiten aus.

Symptomatisch ist die Geschichte von Bruno Contrada, dem ehemaligen Chef der Kripo von Palermo, der späteren Nummer drei des Inlandsgeheimdienstes SISDE (Servizio per le Informazioni e la Sicurezza Democratica). Er wurde verurteilt, weil er erst die Bosse der alten Garde und später die Corleoneser gedeckt hatte. Oder der Fall von Oberst Giuseppe Russo, Chef des Einsatzkommandos der Carabinieri in Palermo, der Gaetano Badalamenti und den Vettern Salvo nahestand. Viele Jahre nach seiner Ermordung im August 1977 wurden die Kontakte aufgedeckt, die er zu einer bestimmten Mafiagruppe unterhalten hatte.

Contrada und Russo waren gewiss nicht die Einzigen. Es war ein System, das in jenen Jahren wie selbstverständlich funktionierte. Die Vettern Salvo und die Mafiafamilie Badalamenti stellten eine Macht dar, eine wirkliche Macht: nicht nur eine kriminelle, sondern auch eine politische Macht.

Als vor ein paar Monaten Giorgio Bocca im *Espresso* von ei-

nem »Pakt der Koexistenz« zwischen der Mafia und den Carabinieri in Sizilien schrieb, brach ein Sturm der Entrüstung über
ihn herein. Alle, die Rechten wie die Linken, sprachen von infa-
men Vorwürfen. Bocca jedoch bezog sich lediglich auf das, was
allen nicht mehr ganz jungen Sizilianern vertraut ist: ein Geflecht der Komplizenschaft, das stets offenkundig war. Er wollte
ganz bestimmt nicht jene Tausende Carabinieri als Mitwisser
beschuldigen, die in Sizilien treu ihren Dienst getan haben. Er
wollte lediglich daran erinnern, dass in einem bestimmten Zeitraum in Sizilien hohe Führungskräfte der Carabinieri und einige »Antennen«, die die Carabinieri strategisch auf der Insel
plaziert hatten, mit Mafiosi in Kontakt standen und ihnen Straffreiheit zusicherten. Dazu manipulierten sie die Ermittlungen,
vertuschten Beweise und legten falsche Spuren.

75. Wurden falsche Spuren gelegt, um hochrangige Mafiosi zu schützen?

Am dreistesten waren die Manipulationen bei den Ermittlungen zum Mord an Peppino Impastato. Man behauptete, er
habe Selbstmord begangen, man machte ihn zum Terroristen.
In Wirklichkeit wurde er ermordet, auf Befehl der Bosse und
vielleicht noch anderer Kräfte.

Peppino Impastato starb am 9. Mai 1978 an der Eisenbahnstrecke Trapani-Palermo. Er wurde von einer Bombe zerfetzt –
am selben Tag, an dem in der Via Caetani in Rom die Leiche Aldo
Moros gefunden wurde. Peppino war dreißig Jahre alt, er war
der Sohn eines Mafioso aus Cinisi, kämpfte auf Seiten der extremen Linken und arbeitete bei dem unabhängigen Rundfunk-
sender Radio Aut. Die Untersuchung seines Todes wurde vom
ersten Augenblick an behindert – von den Carabinieri.

Der Sprengstoff, der bei dem mutmaßlichen Anschlag ver-
wendet wurde, war Grubensprengstoff, doch in den Tagen nach
Peppinos Tod führten die Carabinieri nicht einmal eine Durchsuchung der Steinbrüche im Umkreis von Cinisi durch, die alle
im Besitz von Mafiosi waren. Im ersten Bericht wurde auch

nicht der Stein erwähnt, der am Schauplatz des Verbrechens gefunden und mit dem Peppino Impastato vermutlich erschlagen worden war, bevor man seine Leiche auf die Bahngleise legte, um ihn als einen Terrorattentäter erscheinen zu lassen, der sich selbst in die Luft gesprengt hatte. In dem ersten Bericht der Carabinieri an die Staatsanwaltschaft Palermo hieß es zudem: »Auch wenn man von einem Verbrechen ausgehen wollte, wäre auf jeden Fall auszuschließen, dass Giuseppe Impastato von der Mafia getötet wurde.«

Die Mafia von Cinisi – das war der Boss Gaetano Badalamenti, den Peppino Impastato tagtäglich in Radio Aut angegriffen und als »Tano Seduto« (Sitting Bull Tano) lächerlich gemacht hatte. Badalamenti selbst pflegte enge Beziehungen zu einigen hohen Carabinieri-Offizieren. Er war der Boss, den es zu schützen galt. Und wahrscheinlich war Gaetano Badalamenti nicht der Einzige, der Peppino Impastatos Tod wollte.

Die Ermittlungen konzentrierten sich von Anfang an auf die Vorwürfe gegen das Opfer. Vielleicht war die falsche Fährte schon vor dem Mord gelegt worden, aber die Spurensuche wurde systematisch in eine falsche Richtung gelenkt – ein unverhältnismäßig hoher Aufwand, um einen einzigen Mafioso zu decken, auch wenn es sich um einen so mächtigen Boss wie Gaetano Badalamenti handelte. Auch der Mord an Peppino Impastato stellt sich – nach all den Jahren – vermutlich als das Ergebnis einer Interessenkonvergenz dar.

Der Mord an Peppino Impastato wurde in den Akten mindestens zehn Jahre lang Unbekannten zur Last gelegt. Es dauerte weitere zehn Jahre, bis die Ermittlungen neu aufgenommen wurden, und weitere vier Jahre, bis Gaetano Badalamenti als Auftraggeber des Mordes verurteilt wurde. Das war 2002, in einem neuen Jahrtausend. Doch vieles bleibt nach wie vor rätselhaft: Einige Zeugen wurden nie vernommen, und einige Protagonisten des Falls tauchten auch in den Untersuchungen zu den Geheimverhandlungen zwischen der Mafia und dem Staat zur Zeit der Anschläge von 1992 auf.

76. Im Laufe der Zeit – und mit dem Tod der Zeugen – zeigte sich, dass viele Erfolge im Kampf gegen die Mafia, etwa die Festnahme Totò Riinas, weit weniger großartig waren als behauptet, manche sogar durchaus zwiespältig. Warum?

Die Verhaftung großer untergetauchter Krimineller in Sizilien war stets von einem Schleier des Geheimnisses umgeben. Das war schon bei dem Banditen Salvatore Giuliano der Fall gewesen. Der Unterschied zwischen Riinas Festnahme am 15. Januar 1993 und der Auffindung Giulianos am 5. Juli 1950 bestand darin, dass Giuliano tot und Riina noch am Leben war, um dann in die Zellentrakte mit besonders scharfen Haftbedingungen für Mafiosi zu kommen, die nach Paragraph 41 b der Strafvollzugsordnung schon auf ihn warteten.

Unsere Demokratie erscheint manchmal immer noch als sehr unreif. Teile des Staatsapparats sind bis heute dem Staat gegenüber nicht rechenschaftspflichtig. Es gibt Sondereinheiten, die nicht den Staatsanwaltschaften, und zivile und militärische Mitarbeiter in den Institutionen, die nicht den Gesetzen unterworfen sind.

Es gibt zwei Möglichkeiten, in Sachen Mafia zu ermitteln: eine transparente, institutionell abgesicherte und eine, die den alten Gepflogenheiten folgt und auf Geben und Nehmen beruht, auf Erpressung und ungeschriebenen Verträgen. Die Festnahme Riinas erfolgte nach letzterem Modell. »Du kannst Riina verhaften, aber dafür gibst du mir etwas.« Das ist die Taktik der berühmten Verhandlungen, der *trattativa*. Mit der Festnahme Riinas wurde der Kampf gegen die Mafia mit einer großen Hypothek für die neunziger Jahre belastet.

Im Inselinnern, da, wo ich herkomme, gibt es ein altes Sprichwort: »Der Mafioso wird als Mafioso geboren und stirbt als Polizist, der Polizist wird als Polizist geboren und stirbt als Mafioso.« Extreme können sich manchmal auch berühren.

Der Generalinspekteur für die öffentliche Sicherheit, Ciro Verdiani, Chef der sizilianischen Polizei, setzte sich unverzüglich mit Ignazio Miceli in Verbindung, dem Boss der Familie von Monreale, die, wie sich herausstellte, die wichtigste Mafiafamilie der Insel war, sowie mit Salvatore Giuliano, mit dem er einen Panettone aß, den er, Verdiani, eigens zu diesem freudigen Anlass mitgebracht hatte.

Aus dem Urteilsspruch des Schwurgerichts Viterbo am 3. Mai 1952 im Prozess gegen die Bande Giuliano nach dem Blutbad in Portella della Ginestra

77. Muss man jede Festnahme eines hochrangigen Mafioso als das Ergebnis eines Kuhhandels betrachten?

Jede Festnahme folgt einer eigenen Dynamik. Einige sind die logische Konsequenz transparenter Ermittlungen, andere sind Ausdruck heimtückischer Intrigen. Einige bergen ein Geheimnis, andere demonstrieren nur die Macht des Staates: eines Staates, der sich nach den Anschlägen zu Beginn der neunziger Jahre – und zum ersten Mal seit der Einigung Italiens – konsequent dem Kampf gegen die Cosa Nostra widmet. Ohne Zögern und ohne den Wechsel zwischen intensiveren und stagnierenden Phasen, je nach den Umständen und immer und ausschließlich erst nach einem neuen Mord mit einem prominenten Opfer oder nach einem blutigen Anschlag.

Grundlegend verändert hat sich das Szenario des Kampfes gegen die Mafia am 30. Januar 1992, nach den Verurteilungen der Cosa-Nostra-Bosse in der obersten Berufungsinstanz. Danach brach in Sizilien die Hölle los. Am 12. März tötete die Mafia Salvo Lima, den mächtigsten Christdemokraten der Insel. Am 23. Mai tötete sie Giovanni Falcone, am 19. Juli Paolo Borsellino und am 17. September Ignazio Salvo, den engsten Freund des mächtigen Salvo Lima. Ein neuer Vernichtungsfeldzug. Wer ihn initiierte, der wollte das Gedächtnis Palermos auslöschen, die Erinnerung an die mafiosen Machenschaften in dieser Stadt. Auf Freundes- wie auf Feindesseite.

Seit diesen Anschlägen hat der italienische Staat in vielen seiner Institutionen entschiedener gekämpft, als er es – zumindest gegen die militärische Cosa Nostra – jemals zuvor getan hatte.

III Der erste große Schlag gegen die Mafia: der Maxi-Prozess

78. Welche Bedeutung hatte der Maxi-Prozess?

Der Maxi-Prozess brachte die Cosa Nostra erstmals in große Bedrängnis, zugleich ist er das Symbol ihrer schweren Niederlage. Zum ersten Mal in ihrer Geschichte wurden die Bosse der Cupola gerichtlich verurteilt und die »einheitliche, hierarchische Organisation der Cosa Nostra« vom Kassationsgericht, dem Obersten Gerichtshof Italiens, bestätigt. Die Mafia war also nicht, wie manche glauben machen wollten, eine lose Ansammlung einzelner Banden, die unabhängig voneinander operierten, sondern eine straffe Organisation mit einer klaren Führungsspitze, der Cupola oder Kommission.

Erstmals in Italien wurden Mafiosi nicht aus Mangel an Beweisen freigesprochen, sondern einzig und allein aufgrund der Tatsache verurteilt, dass sie Mafiosi waren, Mitglieder dieser kriminellen Organisation. Der Maxi-Prozess war der erste Sieg des italienischen Staates gegen die Cosa Nostra.

Er begann am 10. Februar 1986 in einem Hochsicherheitsgerichtssaal, dem sogenannten *aula bunker*, der für siebzig Milliarden Lire (rund 40 Millionen Euro) innerhalb weniger Monate nahe dem Ucciardone-Gefängnis in Palermo gebaut worden war. Nach zweiundzwanzig Verhandlungsmonaten und fünfunddreißig Beratungstagen des Richterkollegiums wurde am 17. Dezember 1987 das erstinstanzliche Urteil verkündet: Neunzehn Angeklagte wurden zu lebenslangen Freiheitsstrafen verurteilt, und über weitere Angeklagte wurden insgesamt 2665 Jahre Haft verhängt; 114 Angeklagte wurden freigesprochen.

In der Berufung am 10. Dezember 1990 wurde die Zahl der lebenslangen Freiheitsstrafen auf zwölf und die der Haftjahre auf 1576 reduziert. Nicht nur die Aufhebung zahlreicher Urteile, auch die Urteilsbegründung der zweiten Instanz war ganz nach dem Geschmack der Mafiosi. Die Tatsache der einheitlichen Organisation, so hieß es jetzt, reiche nicht aus, »um der Kommission die Verantwortung für alle Morde an hochrangigen Persönlichkeiten in Palermo zuzuschreiben«. Wurde das erstinstanzliche Urteil von den Mafiosi als politisch motiviert betrachtet (nach den Hunderten Toten, die sie auf den Straßen Palermos hinterlassen hatten, war kein anderer Schiedsspruch zu erwarten gewesen), so ebnete die Urteilsbegründung der Berufungsinstanz in gewisser Weise den Weg für die Prozesse vor dem Kassationsgericht, um Falcones Anklage in ihrem Aufbau auseinanderzunehmen und seine Ermittlungsarbeit zunichte zu machen.

Mit haarspalterischen Begründungen und Rechtsverdrehungen hatte Richter Corrado Carnevale (Spitzname: der »Urteilskiller«) als Vorsitzender der ersten Strafkammer des Kassationsgerichts Hunderte Urteile aus anderen Prozessen gegen die Bosse von Mafia, Camorra und 'Ndrangheta aufgehoben. Doch 1991 fand am Obersten Gerichtshof ein erbittertes Tauziehen statt, um – letztlich erfolgreich – zu verhindern, dass Richter Carnevale weiterhin automatisch alle Fälle im Bereich der Mafiakriminalität vorgelegt bekam. Am 30. Januar 1992 sprachen die Vereinigten Kammern des Kassationsgerichts im Maxi-Prozess von Palermo das letzte Wort. Der Oberste Gerichtshof erklärte nicht nur die meisten erstinstanzlichen Urteile für rechtskräftig, sondern bestätigte auch die Hauptpunkte von Falcones Anklageschrift zur zentralistischen Struktur der Organisation. Das Urteil bedeutete vor allem eines: Die Mafia existierte, es gab sie tatsächlich.

> Am 10. November 1987 zogen wir uns zur Beratung zurück, fünfunddreißig Tage lang, vollständig isoliert von der Außenwelt. Es war zweifellos die langwierigste Urteilsfindung seit Menschengedenken. Unser üblicher Tagesablauf (wir waren zwei Berufsrichter und sechs Schöffen) begann um neun Uhr morgens, um ein Uhr gab es eine Mittagspause, von drei Uhr nachmittags bis acht Uhr abends wurde die Beratung fortgesetzt, bis zum Abendessen [...]. Weil es im damaligen Klima durchaus vorstellbar schien, dass man versuchen würde, die Richter und Schöffen zu vergiften, traf das Justizministerium eine Vereinbarung mit einer Firma, die uns einen absolut vertrauenswürdigen Koch zur Verfügung stellte. Er bereitete unsere Mahlzeiten aus frischen, unverarbeiteten Zutaten zu, um Manipulationen im Vorfeld auszuschließen. Eine Begegnung mit dem Koch war für uns nicht vorgesehen.
>
> *Pietro Grasso, in* Per non morire di mafia, *2009*

Der Maxi-Prozess war das Ergebnis der Ermittlungen eines jungen Untersuchungsrichters, der gerade erst aus Trapani nach Palermo gekommen war: Giovanni Falcone. Der Leiter der Ermittlungsbehörde von Palermo, Untersuchungsrichter Rocco Chinnici, der die Nachfolge des von den Corleonesern ermordeten Cesare Terranova angetreten hatte, übergab Falcone Ende 1979 die Akten zur Mafia des palermitanischen Viertels Uditore. Hier herrschten die mächtigen und sehr reichen Familien Spatola, Inzerillo, Gambino und Di Maggio. Sie waren die Aristokratie der Cosa Nostra.

Falcone begann ihre unternehmerischen Aktivitäten zu untersuchen, ihre Bankkonten und ihre Geldtransfers in die Vereinigten Staaten, wo die Verwandten der Bosse lebten. Seine Finanzuntersuchung war die erste Revolution der Antimafia-Staatsanwaltschaft. Falcone erstellte ein Organigramm der Cosa Nostra, das die Verbindungen der Mafiosi und der einzelnen

Gruppen untereinander zeigte, und bereitete damit den Maxi-Prozess vor.

Seine Ermittlungen versetzten die Stadt und auch die Justizbehörden in helle Aufregung. Eines Morgens rief Generalstaatsanwalt Giovanni Pizzillo den Leiter der Ermittlungsbehörde, Rocco Chinnici, zu sich und sagte ihm, Falcone ruiniere mit seinen Ermittlungen in Zusammenarbeit mit der Finanzpolizei die Wirtschaft Palermos. »Übertragen Sie ihm einfache Prozesse.« Falcone war gefährlich geworden. Er fuhr im gepanzerten Wagen mit einer Polizeieskorte durch Palermo. Kinobesuche waren für ihn nicht mehr möglich. Die Bewohner des Hauses, in dem er in der Via Notarbartolo wohnte, beklagten sich über das Sirenengeheul. Seine Ermittlungen gegen die Mafiafamilien Spatola und Inzerillo hatten sein Leben schlagartig verändert. Und auch in Palermo war nichts mehr wie zuvor.

> Die Bewohner von Palermo und der Insel haben die Mafia kennengelernt. Sie haben aber auch andere Dinge gelernt: zum Beispiel, dass die Mafia fast immer straflos davonkommt. Sie haben von den 300 Urteilen der ersten Strafkammer des Kassationsgerichts gelesen; von den Mördern, die seit Jahrzehnten in den Bars der Via Ruggiero Settimo ein und aus gehen und von denen nur per Zufall mal einer festgenommen wird. Sie haben erfahren, dass in den Adressbüchern der großen Mafiosi die Telefonnummern hoher Vertreter des Staates notiert sind – ihre Geheimnummern, versteht sich. Palermo ist eine Stadt des tiefen Schweigens, das nur von heftigen Gewitterstürmen unterbrochen wird.
>
> *Aus: Giorgio Bocca*, L'Inferno, *1992 (Dt.:* Verfilzt und vergiftet. Ein Land in den Fängen der Mafia, *1994)*

In den ersten Julitagen des Jahres 1983 unterzeichnete Chefermittler Chinnici einen Ermittlungsbescheid gegen Nino und Ignazio Salvo, die mächtigen Steuereintreiber aus Salemi. Sie waren Freunde des Politikers Salvo Lima von der Democrazia Cristiana und Geldgeber der Andreotti-Strömung der Democrazia Cristiana in Sizilien. Am 29. Juli fiel Chinnici einem Atten-

tat »libanesischer Art« zum Opfer. Er wurde durch eine Autobombe im Zentrum von Palermo getötet. Die Cosa Nostra wollte
sich nicht den Prozess machen lassen.

Chinnicis Nachfolger wurde der dreiundsechzigjährige Antonino Caponnetto, ein aus Caltanissetta stammender Untersuchungsrichter, der den größten Teil seines Berufslebens in Florenz verbracht hatte. Seine Ankunft in Palermo war ein Segen. In
jenen Monaten Ende 1983 entstand in einem dunklen Zwischen-
geschoss des Justizpalastes von Palermo der berühmte Antimafia-Pool, ein Sonderausschuss zur Bekämpfung der Mafia, in dem
die Untersuchungsrichter Giovanni Falcone, Paolo Borsellino,
Leonardo Guarnotta und Giuseppe Di Lello zusammenarbeiteten. Drei Jahre später – nach drei Jahren der Isolation und Angst,
der Widerstände und Feindseligkeiten eines Großteils der palermitanischen Justiz und der italienischen Richter- und Staatsanwaltschaft – begannen die Untersuchungsrichter die Anklageschriften zu formulieren, die zur Eröffnung des Hauptverfahrens
gegen 707 Beschuldigte führten. Insgesamt 8632 Seiten in 22
Ordnern und mit 438 Anklagepunkten: 120 Morde, Mitgliedschaft in einer mafiaartigen kriminellen Vereinigung, Entführung, Erpressung, Drogenhandel und Zigarettenschmuggel.

Die Untersuchung richtete sich zunächst gegen die Familien
Spatola und Inzerillo, konnte aber dank der Ermittlungen der
Polizeibeamten Antonino *Ninni* Cassarà und Giuseppe *Beppe*
Montana schon bald ausgeweitet werden. Es waren außerge-
wöhnliche, moderne Fahnder, vor allem aber waren sie absolut
integer. Sie waren weder mit denen verfilzt, die in Palermo das
Sagen hatten, noch hatten sie etwas mit jenem anderen Palermo zu tun, das gleichgültig, zynisch und fatalistisch war. Cassarà und Montana erstellten einen Bericht über 162 Mafiosi, den
rapporto dei 162: über Michele Greco und 161 weitere aus verschiedenen Familien der Stadt und Provinz Palermo, die eng
miteinander verbunden und den Bezirkschefs (*capimandamento*) und den Bossen der Kommission gegenüber rechenschaftspflichtig waren.

Ein erstklassiger Informant hatte Ninni Cassarà Zugang zu den Geheimnissen der Cosa Nostra verschafft: ein Mafioso, der vieles, aber nicht alles erzählte, vor allem aber das, was er sagte, nicht zu Protokoll geben wollte. Es handelte sich um Salvatore *Totuccio* Contorno, einen Ehrenmann der Familie aus dem palermitanischen Viertel Santa Maria del Gesù. In seinen Berichten an Falcone bezeichnete Polizeikommissar Cassarà ihn mit dem Codenamen »Prima Luce« (»Lichtschimmer«).

> Die Cosa Nostra ist am Ende: Totuccio, du kannst reden.
> *Tommaso Buscetta zu Salvatore Contorno, Büro der*
> *Kriminalpolizei Latium, September 1984*

Tommaso Buscetta hatte sich drei Monate zuvor der Justiz als Kronzeuge zur Verfügung gestellt. Am 16. Juli 1984 begann der damals Sechsundfünfzigjährige vor dem Untersuchungsrichter Giovanni Falcone und dem Leiter der Kriminalpolizei Rom, Gianni De Gennaro, auszupacken. Seine Aussagen in einem Polizeibüro wurden auf Tausenden Seiten protokolliert. In den Vereinigten Staaten, in Brasilien und auch in Italien war Buscetta mehrfach verhaftet worden. Die brasilianische Polizei hatte ihn gefoltert, ihm die Fußnägel ausgerissen und Elektroschocks verabreicht. Sie hatte ihn in ein Flugzeug gesetzt, während des Fluges die Tür geöffnet und damit gedroht, ihn hinauszustoßen. Bis auf seinen Namen hatte Buscetta nie auch nur ein Wort gesagt. Doch in jenem Sommer 1984, nach seiner Festnahme in Brasilien, war ihm klar geworden, dass »seine« Cosa Nostra nicht mehr existierte. Er, der die ganze Welt bereist hatte, begriff, dass für die Stammesgesellschaft, in der er aufgewachsen war, ein wohl unaufhaltsamer Niedergang begonnen hatte.

Buscetta erläuterte Falcone das Prinzip der Territorialität, die Regeln der kriminellen Organisation und den Sprachcode der Ehrenmänner. Er nannte Tausende Namen, Familie um Familie, in jedem Winkel Siziliens. Nach ihm gab es Hunderte weitere *pentiti*, aber Buscetta war der wertvollste Kronzeuge von allen.

Er lieferte Falcone und seinen Nachfolgern den Schlüssel zum Verständnis der Informationen, die aus dem innersten Zirkel der Cosa Nostra kamen.

Doch bevor er auspackte, sagte Buscetta zu dem Untersuchungsrichter: »Ich möchte Sie warnen. Nach diesem Verhör werden Sie berühmt sein, aber Ihr Leben ist für immer gezeichnet. Man wird versuchen, Sie physisch und beruflich zu vernichten. Vergessen Sie nie, dass jede offene Rechnung mit der Cosa Nostra irgendwann einmal beglichen wird.«

Chefermittler Rocco Chinnici wurde ermordet, so wie früher oder später alle Ermittler, die wirklich ernst machen, ermordet werden.

Antonino Ninni Cassarà, Leiter der Ermittlungsabteilung der Kriminalpolizei Palermo, gegenüber der Zeitung L'Unità im Juli 1985

Am 28. Juli 1985, sechs Monate vor Beginn des Maxi-Prozesses, wurde Polizeikommissar Beppe Montana von Totò Riinas Auftragskillern ermordet. Eine Woche später, am 6. August, töteten sie auch Ninni Cassarà – vor den Augen seiner Frau, die vom Balkon aus mit ansehen musste, wie ein neunköpfiges Killerkommando mit Kalaschnikows auf ihren Mann feuerte.

Palermo befand sich im Krieg. Aus Furcht vor Anschlägen wurden Giovanni Falcone und Paolo Borsellino mit ihren Angehörigen eiligst aus Sizilien abgezogen und auf der Gefängnisinsel Asinara vor der sardischen Küste im Gästehaus der Haftanstalt untergebracht. Dort erarbeiteten sie ihre Anklageschriften für den Maxi-Prozess. Ein paar Monate später präsentierte der Staat den beiden Ermittlungsrichtern die Rechnung für ihren Aufenthalt: zigtausende Lire für die konsumierten Getränke. Dies war das Italien, das Mitte der achtziger Jahre gegen die Mafia kämpfte.

Im Sumpf von Palermo endete der Maxi-Prozess zwar mit Verurteilungen, aber Falcone geriet zunehmend ins Abseits. Alle betrachteten ihn jetzt als ihren Feind: die Mafia, die Politik, sogar die Richter und Staatsanwälte. Zuerst wurde er im Justizapparat isoliert, unter den Kollegen in Sizilien und Rom. Nach den erstinstanzlichen Urteilen im Maxi-Prozess Ende 1987 begann für Giovanni Falcone eine schreckliche Zeit des Terrors durch anonyme Briefe, Drohungen und Bomben: eine Destabilisierung, die 1987 begann und am 23. Mai 1992 mit seinem Tod endete. Man wollte ihn aufhalten, mit allen Mitteln.

Das erste klare Signal für diese fast flächendeckende Feindseligkeit war die Ernennung eines Nachfolgers für Antonino Caponnetto als Leiter der staatsanwaltschaftlichen Ermittlungsbehörde von Palermo. Der naheliegende Kandidat war Falcone. Offiziell befürworteten ihn alle, in Wirklichkeit wollte ihn kaum jemand als Leiter dieser Behörde. Es begannen die Machenschaften hinter den Kulissen, um ihn auszubooten. Überraschend wurde Antonino Meli als Kandidat ins Spiel gebracht, der Vorsitzende des Schwurgerichts Caltanissetta, der kurz vor seiner Pensionierung stand. Monate zuvor hatte er sich um das Amt des Gerichtspräsidenten von Palermo beworben, wurde aber von einer Falcone feindlich gesinnten Gruppe innerhalb der Richterschaft überredet, diese Bewerbung zurückzuziehen und sich um den Posten des Chefermittlers zu bemühen. Er hatte Falcone siebzehn Dienstjahre voraus. Damit gedachte er seinen Mitbewerber aus dem Feld zu schlagen, obwohl Falcone das Phänomen Mafia genau kannte und seine Qualifikation für dieses Amt längst unter Beweis gestellt hatte. Im Obersten Richterrat versicherte man Meli, er werde Caponnettos Nachfolger. Diese Zusicherung erhielt auch Falcone. Doch der Oberste Richterrat CSM (Consiglio Superiore della Magistratura) in Rom wählte Meli, Falcone wurde fallen gelassen. Nicht einmal alle, die innerhalb des CSM zu seiner politischen Strömung gehörten, stimmten für ihn. Und die Magistratura democratica, der linke Flügel im Verband der Richter und Staatsanwälte, entzog ihm seine Unterstützung – mit der einzigen Ausnahme Gian Carlo Casellis.

In den vergangenen Jahren, in denen ich Ermittlungen zur Mafiakriminalität geführt habe, habe ich stillschweigend die unvermeidlichen Vorwürfe hingenommen, ich sei von Geltungsdrang getrieben und würde unsauber arbeiten. Überzeugt, der Gesellschaft einen nützlichen Dienst zu erweisen, war ich glücklich, meine Pflicht tun zu können, und sagte mir, dies gehöre nun einmal zu den vielen Unannehmlichkeiten, welche die mir anvertrauten Aufgaben mit sich bringen. Ich war mir zudem sicher, die öffentliche Beobachtung der Gerichtsverhandlungen würde zu guter Letzt zeigen – was ja tatsächlich der Fall war –, dass die Ermittlungen, an denen ich beteiligt war, in vollem Einklang mit den Gesetzen durchgeführt wurden. Als sich die Frage der Nachfolge für den Leiter der Ermittlungsbehörde von Palermo, Dr. Caponnetto, stellte, reichte ich meine Bewerbung ein, im Glauben, dies sei der einzige Weg, den Abbau des Bestands an wertvollen Kenntnissen und Professionalität zu vermeiden. Vielleicht war ich zu vermessen, und es gab andere, die die Kontinuität der Behörde in souveräner Weise gewährleisten konnten [...]. Doch meine Befürchtungen wurden leider wahr: Die Ermittlungen gegen die Mafia kamen ins Stocken, und der empfindliche Apparat, den die sogenannte Antimafia-Gruppe innerhalb der Ermittlungsbehörde von Palermo bildet, tritt mittlerweile auf der Stelle; auf die Gründe dafür möchte ich hier nicht eingehen. Paolo Borsellino, dessen Freundschaft ich mir als Ehre anrechne, stellte wieder einmal seine staatsbürgerliche Gesinnung und seinen Mut unter Beweis, als er Versäumnisse und Untätigkeit bei der Bekämpfung des Phänomens Mafia öffentlich anprangerte, die für jedermann klar erkennbar sind.

Giovanni Falcone, Brief an den Obersten Richterrat CSM,
30. Juli 1988

Schon nach wenigen Tagen in seinem neuen Amt als Chefermittler in Palermo begann Antonino Meli mit der systematischen Demontage aller von Falcone geleiteten Ermittlungen. Sein Ziel war die Zerschlagung des Antimafia-Pools. Im Einklang mit der Linie der ersten Strafkammer des Kassationsgerichts unter Vorsitz des Richters Carnevale (in dessen erstaunlichen

Urteilen die Cosa Nostra als eine »lose Ansammlung einzelner Banden« ohne eine gemeinsame strategische Führung bezeichnet worden war) splitterte Meli die Ermittlungen, die auf den Aussagen des Mafiaaussteigers und Kronzeugen Antonino Calderone basierten, in rund zwanzig Einzelverfahren auf, mit denen er die jeweils zuständigen Staatsanwaltschaften beauftragte.

Mit einem Federstrich und einem Rundschreiben würgte er die Ermittlungen ab und warf den gerichtlichen Kampf gegen die Mafia um zwanzig Jahre zurück.

Die Ermittler des Antimafia-Pools drohten mit Rücktritt. Paolo Borsellino, Falcones Freund und Mitstreiter, der inzwischen Leitender Oberstaatsanwalt von Marsala geworden war, beklagte in einem Interview mit den Tageszeitungen *La Repubblica* und *L'Unità* »das Ende des Kampfes gegen die Mafia« und wurde vom Obersten Richterrat dafür zur Rede gestellt. Jetzt, im Sommer 1988, begann der »Fall Palermo«, die erste einer ganzen Reihe politisch-juristischer Affären, in deren Mittelpunkt stets Giovanni Falcone und seine Ermittlungen zur Cosa Nostra standen.

Nach Antonino Melis Ernennung schloss sich für Falcone noch eine Tür: die des Hochkommissariats zur Bekämpfung der Mafia. Die Stelle des Hochkommissars bekam Domenico Sica, ein Staatsanwalt aus Rom, der ohne viel Erfolg zu allen ungelösten Rätseln Italiens ermittelte und so gut wie keine Ahnung von der Mafia, ihren Strukturen und ihrer Funktionsweise hatte. Für Falcone begann jetzt eine dramatische Phase mit noch heftigeren Anfeindungen.

Im ländlichen Bagheria, nur wenige Kilometer von Palermo entfernt, wurde am 26. Mai 1989 Salvatore Contorno festgenommen. Der ehemalige Mafioso und Kronzeuge der Justiz war nach Sizilien zurückgekehrt, um sich an den Mafiosi zu rächen, die mehrere seiner Familienangehörigen ermordet hatten. Irgendjemand benutzte Contorno, um Falcone zu schaden. Ein anonymer Briefschreiber (als *Il Corvo*, der Rabe, bekannt geworden) behauptete, Untersuchungsrichter Falcone und die Führung der Polizei hätten Salvatore Contorno nach Sizilien eingeschleust und zu einem »Killer im Auftrag des Staates« gemacht.

Der *Corvo* war gut informiert, er kannte viele Details der Geschichte. Nach wenigen Wochen konzentrierte sich der Verdacht auf den Staatsanwalt Alberto Di Pisa, der sich mit einem Angriff auf Falcone zu verteidigen suchte. Er behauptete, er habe den anonymen Brief zwar nicht geschrieben, stimme aber mit dessen Inhalt überein. Es wurde ein Untersuchungsverfahren eingeleitet, an dessen Ende Di Pisa entlastet wurde. Nach einem grotesken und trickreichen Verwirrspiel mit Di Pisas Fingerabdrücken wurde er in erster Instanz der Verleumdung in einem besonders schweren Fall schuldig gesprochen und für »die anonymen Denunziationen verantwortlich« gemacht, in der Berufung jedoch freigesprochen: Die fotografischen Aufnahmen des Fingerabdrucks auf dem anonymen Brief, die zum Abgleich mit den Fingerabdrücken des Staatsanwalts im Labor des militärischen Geheimdienstes in Forte Braschi angefertigt worden waren, wurden vom Gericht nicht als Beweismittel zugelassen. Die Generalstaatsanwaltschaft verzichtete darauf, den Freispruch vor dem Kassationsgericht anzufechten. Heute ist Alberto Di Pisa Leiter der Staatsanwaltschaft Marsala und sitzt am selben Schreibtisch, an dem zwanzig Jahre zuvor Paolo Borsellino gesessen hatte.

De Gennaro und mit ihm die Leitung der römischen Kriminalpolizei waren genauestens darüber informiert, dass Contorno nach Palermo gekommen war, um sich an den Corleonesern zu rächen und Totò Riina aus seinem Versteck zu holen. All das war im Übrigen mit der Justiz und insbesondere mit den Untersuchungsrichtern Falcone, Ayala und Giammanco abgesprochen, mit denen sich De Gennaro zu dieser Zeit in Palermo getroffen hatte [...].
De Gennaro und die ihm unterstellten Staatsanwälte haben also Contorno nach Palermo geholt, wohl wissend, dass er schwere Straftaten begehen würde. Es handelt sich um schwerwiegende Verantwortlichkeiten, wenn man bedenkt,

dass Contorno Mineo, Baiamonte, Aspetti, Messicati und Cerva getötet hat [...]. Dies sind äußerst gravierende Tatbestände. Es sind regelrechte Morde im Namen des Staates.
Aus dem anonymen Brief des Corvo *vom Juni 1989, der an die Staatsanwaltschaft, an den Hochkommissar Domenico Sica und den Carabinieri-Kommandanten von Palermo, Oberst Mori, gerichtet war*

Eine weitaus gefährlichere Folge der Beschuldigungen des anonymen Briefschreibers war der Sprengstoffanschlag von Addaura. Dem *Corvo* zufolge hatte Falcone Contorno die Lizenz zum Töten erteilt und somit gegen die Spielregeln verstoßen. Damit war er von der Mafia zum Tod verurteilt. Der *Corvo* konstruierte eine falsche Dynamik der Ereignisse, um ein vordergründiges Motiv für die Ermordung Giovanni Falcones aufzubauen. Er legte eine falsche Spur, die das Attentat von Addaura vorwegnahm.

Am 21. Juni 1989 wurden auf den Klippen von Addaura, vor dem Haus, das Falcone für den Sommer gemietet hatte, achtundfünfzig Dynamitpatronen und Sprenggelatine gefunden. An jenem Tag hatte Falcone zwei Kollegen aus der Schweiz zu Gast: Carla Del Ponte und Claudio Lehmann. In Palermo wurde das Gerücht in Umlauf gebracht, der Ermittlungsrichter selbst habe das Attentat inszeniert, und es sei nur deshalb gescheitert, weil es fingiert gewesen sei. Erschüttert und geängstigt sagte der sonst in seinen Äußerungen eher zurückhaltende Falcone jetzt: »Wir haben es mit raffinierten Köpfen zu tun, die versuchen, bestimmte Aktionen der Mafia zu steuern. Womöglich gibt es Verbindungen zwischen der Führung der Cosa Nostra und geheimen Zentren der Macht, die ganz andere Interessen verfolgen. Ich habe den Eindruck, dies ist das plausibelste Szenario, wenn wir wirklich verstehen wollen, warum jemand mich umbringen will.« Bereits damals also mutmaßte Falcone, was zwanzig Jahre später, 2009, die Staatsanwälte herausfanden: Das Attentat von Addaura war nicht nur von den Bossen, sondern auch von Mitarbeitern der Geheimdienste organisiert worden.

Ein paar Monate nach Addaura wurde Falcone Oberstaatsanwalt in Palermo. Sein Vorgesetzter jedoch war Pietro Giammanco, der Freund einflussreicher Politiker der Democrazia Cristiana, die mit Salvo Lima verbunden waren. Falcone fühlte sich in dieser Behörde nicht wohl, er wurde auf Schritt und Tritt überwacht. Anfang 1991 verließ er Sizilien und ging als Leiter der Generaldirektion für Strafsachen ans Justizministerium nach Rom; Justizminister war Claudio Martelli. Als Kandidat für die Direzione nazionale antimafia (DNA), die Nationale Antimafia-Behörde oder *Superprocura*, wurde er vom Obersten Richterrat erneut abgelehnt und damit ein weiteres Mal isoliert. Damit war Falcones Tod vorprogrammiert. Er war zum Abschuss freigegeben.

Dieselben, die ihn zu Lebzeiten mit Schmutz beworfen und seine Arbeit behindert hatten, hoben ihn nach seinem Tod in den Himmel. Die politischen Kräfte und Strömungen innerhalb des Justizapparats, die ihn seit Beginn der Ermittlungen zum Maxi-Prozess angegriffen und wahlweise als »Kommunisten«, »Sheriff« und »Torquemada« (nach dem spanischen Großinquisitor des 15. Jahrhunderts) beschimpft hatten, hielten ihn jetzt anderen Staatsanwälten als leuchtendes Beispiel vor. Dies war das schäbige, das scheinheilige Italien.

An seinem letzten Tag als Staatsanwalt in Sizilien war Falcone bei einem Prozess in Catania als Zeuge geladen. Es war der 28. Februar 1991. An diesem Vormittag begegnete ich ihm im Gerichtssaal. Bevor er in den Zeugenstand trat, gingen ich und zwei weitere Journalisten – Francesco La Licata von *La Stampa* und Felice Cavallaro vom *Corriere della Sera* – zu ihm, um ihn zum Mittagessen einzuladen. Er sah uns mit listigem, forschendem Blick an, denn wir waren ihm stets auf den Fersen, um ihm ein Statement abzuringen. Dann verzog er den Mund zu einem Lächeln: »Gut, aber unter zwei Bedingungen: keine Interviews, und das Restaurant suche ich aus.« Die erste Bedingung Falcones überraschte uns nicht, wir waren seine Schweigsamkeit gewohnt. Was uns verblüffte, war das Restaurant, in dem er Meeresfrüchte essen wollte: das *Costa Azzurra* in Ognina am alten Hafen von Catania. Wir kannten es und wussten, dass es von den Ehrenmännern der Familie Santapaola frequentiert wurde, den Bossen im Osten Siziliens, die aufs engste mit den Corleonesern verbunden waren.

Falcone wollte nicht provozieren. Das Restaurant, in dem die Mafiosi ein und aus gingen, hatte er ausgewählt, weil es der sicherste Ort war, um in Ruhe zu essen. Doch leider irrte sich Falcone diesmal.

Wir trafen gegen vierzehn Uhr im *Costa Azzurra* ein. Das Lokal war leer, bis auf ein Pärchen im hinteren Teil und einen Rechtsanwalt, der in einer Ecke nahe der Küche mit dem Essen fast fertig war. Falcone setzte sich ans Kopfende des Tisches, wir gruppierten uns um ihn herum, seine Eskorte war ein paar Meter entfernt. Sobald der Besitzer, Francesco Alioto, Falcone erblickte, hörte er gar nicht mehr auf, sich zu verbeugen und um ihn herumzuscharwenzeln. Dann servierte er uns den frischesten Fisch, den er hatte. Wir aßen und unterhielten uns stundenlang, ohne uns irgendwelche Notizen zu machen. Gegen drei kam auch Pietro Grasso, damals Mitarbeiter im Justizministerium. Giovanni Falcone war motiviert, er freute sich auf die vor ihm liegende Aufgabe in der Generaldirektion für Strafsachen in Rom. Und obwohl er uns vorgewarnt hatte – »keine Interviews« –, wusste er genau (und war insgeheim damit einverstanden), dass alles, was er sagte, am nächsten Tag in unseren Zeitungen stehen würde. Und so geschah es auch diesmal. Am späten Nachmittag verabschiedeten wir uns von ihm und kehrten ins Hotel zurück, um das, was er gesagt hatte, aufzuschreiben.

Keiner von uns hatte bemerkt, dass uns in dem Restaurant jemand entdeckt hatte, der ein Attentat plante. Die Mafiosi hatten alles vorbereitet, der Anschlag wurde nur deshalb nicht ausgeführt, weil die Killer ihren Boss Nitto Santapaola nicht kontaktieren konnten, um die Freigabe zum Abschuss zu erhalten. Die Geschichte wurde den Ermittlern ein paar Jahre später von mehreren Kronzeugen aus Catania geschildert. Ich erfuhr erst achtzehn Jahre später davon, im Sommer 2009, als ich per Zufall eine Zeitung aufschlug und ein Interview mit dem nunmehrigen Leiter der Nationalen Antimafia-Behörde DNA, Pietro Grasso, las, der daran erinnerte, dass er ebenfalls einst nur knapp dem Tod in einem Restaurant in Catania entkommen war.

Sie wissen, wie es ist, mit dem Tod im Nacken zu leben ...
Ich bin doch Sizilianer, ein echter Sizilianer. Für mich ist das Leben so viel wert wie ein Knopf an diesem Jackett ...

Was ist ein Mafioso?
Ein Mafioso ist einer, der sich mit der Macht auskennt, der also versteht, was die Macht ist, und ihre Funktionsweise und ihre Mechanismen durchschaut. Aber nicht alle verstehen, was ein Mafioso wirklich ist. Selbst manchen meiner besten Freunde habe ich es nicht erklären können, Sizilianern wie ich, Palermitanern wie ich [...]. Und natürlich ist die Mafia nicht einfach nur eine kriminelle Organisation. Sonst wäre sie längst zerschlagen worden, wie der Terrorismus.

Aber warum gehen Sie ausgerechnet jetzt, warum verlassen Sie Palermo und wechseln in ein Ministerium in Rom?
Wir haben bis heute in Palermo alles getan, um ein sauberes Zimmer zu bauen, um es möglichst gut zu renovieren, wie ein tüchtiger Maurer. Aber das reicht nicht aus, es kann nicht ausreichen [...]. Der Kampf gegen die Mafia darf sich nicht auf ein einziges Zimmer beschränken, der Kampf gegen die Mafia muss sich auf das gesamte Haus erstrecken. Neben dem Maurer braucht man auch einen Bauingenieur. Ich gehe nach Rom, um am Bau dieses Hauses mitzuarbeiten. Wir müssen jetzt in größeren Dimensionen denken und allen klarmachen, dass das Problem keine Grenzen kennt und nicht nur Sizilien, nicht nur Italien betrifft. Es geht jetzt darum, eine gemeinsame europäische Strafgesetzgebung zu schaffen. Die wirtschaftliche Einheit reicht nicht aus, um ein wirklich ziviles Europa aufzubauen, wir müssen aufmerksam auf die Vereinigten Staaten schauen, ja, auf die Amerikaner. Von ihnen können wir einiges lernen.

Wir sprechen vom Kampf gegen die Mafia. Haben Sie in den vergangenen Monaten seitens irgendeiner Partei positive Signale entdeckt?

Der Kampf gegen die Mafia ist bis heute eine Frage von Personen. Es gibt keine Partei des Guten oder des Bösen. Auch hier geht die Front quer durch alle Lager [...]. Es ist nicht einfach eine Frage der Parteizugehörigkeit. Das Unverständnis ist parteiübergreifend.

Es herrscht allenthalben große Mutlosigkeit. Selbst Staatsanwälte des alten Antimafia-Pools von Palermo scheinen kein Vertrauen mehr in einen Staat zu haben, der nicht einmal imstande ist, sich selbst zu verteidigen.

Ich, Giovanni Falcone, bin ein Vertreter dieses Staates. Ich glaube an die Institutionen. Andere bilden sich ein, sie könnten die Dinge von außen ins Lot bringen. Aber der Maurer und der Bauingenieur müssen im Innern des Zimmers, im Innern des Hauses sein.

Dottore, ist die Haftentlassung des »Papstes« von Ciaculli eine Niederlage der italienischen Justiz?

Alle Prozesse, in denen es nicht gelingt, den Schuldigen in Haft zu behalten, sind eine Niederlage des Staates. Aber Vorsicht, das ist ganz allgemein gesprochen, und es gilt auch für die Prozesse, bei denen Beweise fehlen, bei denen uns in der Hauptverhandlung die Indizien zwischen den Fingern zerbröseln. Wenn stichhaltige Beweise fehlen, wäre es meiner Ansicht nach besser, einen Prozess erst gar nicht zu beginnen.

In den vergangenen Monaten wurde Ihnen vorgeworfen, Sie hätten nach all den Jahren das Handtuch geworfen. Eine Vollbremsung nach dem gescheiterten Attentat von Addaura ...

Wer arbeitet, kann nicht jeden Tag etwas vorlegen. Ein Mensch ist dann wirklich ein Mensch, ein reifer Mensch, wenn er nicht ständig etwas beweisen muss. Sicher wäre ich glücklich, überglücklich, wenn es hieße: »Der ist gut, der ist richtig gut, dieser Giovanni Falcone.« Aber man braucht Reife, ich habe gelernt, wie unverzichtbar dies ist, man kann es nicht allen recht machen.

Eine letzte Frage: Wie geht es Ihnen heute, wie fühlen Sie
sich jetzt nach zwölf außergewöhnlichen, schweren Jahren,
die Sie in Palermo verbracht haben?
Ich fühle mich wie jemand, der in ein vom Sturm aufge-
wühltes Meer eintaucht.

La Repubblica, *1. März 1991*

IV Antimafia

79. Wovor hat die Mafia wirklich Angst?

Ihren Reichtum zu verlieren, erleben zu müssen, wie ihnen ihr Hab und Gut genommen wird – das ist das Einzige, wovor die Mafiosi zittern. Es ist für sie schlimmer als eine lebenslange Freiheitsstrafe, schlimmer als die Aussagen eines Mafiaaussteigers, schlimmer als Haftverschärfung, ja, schlimmer als der Tod.

In den letzten Jahren wurden Immobilien, Yachten und Firmen der Bosse der Cosa Nostra beschlagnahmt, aber auch Landbesitz. Den *viddani*, den Bauern von Corleone, die stärker als alle anderen mit ihrer heimatlichen Erde verbunden sind, wurden ihre Ländereien weggenommen – das war eine tiefe Demütigung und eine bittere Rache. Wenn der Staat Besitztümer der Mafia identifiziert und konfisziert, führt er den wirksamsten Schlag gegen sie.

80. Welche gesetzlichen Maßnahmen zeigten im Kampf gegen die Mafia die größte Wirkung?

Die mit Abstand wichtigste Maßnahme war das Rognoni-La Torre-Gesetz im Jahr 1982, das mit Paragraph 416 b den Straftatbestand der Mitgliedschaft in einer *mafiaähnlichen* Organisation ins italienische Strafgesetzbuch aufnahm. Bis dahin war lediglich die Mitgliedschaft in einer *kriminellen* Organisation strafbar gewesen. Das Gesetz ist nach dem damaligen Innenminister Virginio Rognoni und dem Abgeordneten der Kommunistischen Partei, Pio La Torre, benannt, der maßgeblich an seiner Formulierung beteiligt war. Ihm war es nicht vergönnt, die Ratifizierung mitzuerleben. Er wurde am 30. April 1982 ermordet, das Gesetz jedoch erst vier Monate später ratifiziert, zwei Wochen nach dem tödlichen Anschlag auf den Carabinieri-General Carlo Alberto Dalla Chiesa, den Polizeipräfekten von Palermo.

Neben Paragraph 416 b sieht das Rognoni-La Torre-Gesetz auch die Beschlagnahme illegal erworbener Vermögenswerte vor. In den vergangenen fünfundzwanzig Jahren wurden in Italien rund siebentausend Güter von Mafiabossen beschlagnahmt, zehn Prozent davon wurden enteignet.

Obwohl seither so viel Zeit vergangen ist und obwohl Verbesserungen und Aktualisierungen des Gesetzes notwendig wären (es gibt heute viele Möglichkeiten, es zu umgehen und sich reinzuwaschen), ist das Rognoni-La Torre-Gesetz nach wie vor ein strafrechtlicher Eckpfeiler im Kampf gegen die Mafia.

Es folgten die Gesetze zur Kronzeugenregelung und zur Haftverschärfung: die Aufhebung des normalen Strafvollzugs für verurteilte Mafiosi nach Paragraph 41 b – eine weitere schwere Niederlage für die Ehrenmänner, die es gewohnt waren, sich in italienischen Gefängnissen als die Herren aufzuspielen. Sie ließen sich ihre Mahlzeiten aus den besten Restaurants kommen (»Den Fraß des Staates wollen wir nicht«) und verfügten nach ihrem Belieben über die Vollzugsbeamten und manchmal auch über den Gefängnisdirektor. Im Ucciardone-Gefängnis von Palermo konnten sie schalten und walten, wie es ihnen passte, und sogar ihre Besprechungen abhalten.

Seit Einführung von Paragraph 41 b sind sie in Sondertrakten untergebracht. Sie wurden in ihrem Ansehen getroffen: kein Hofgang mehr mit den anderen Häftlingen, Besuche von Angehörigen nur einmal im Monat und nur durch eine gepanzerte Scheibe. Mit Paragraph 41 b verloren die Mafiosi ihre Macht. Und noch ein Mythos geriet ins Wanken: der Mythos ihrer immerwährenden Straffreiheit.

Auch nach dem tödlichen Anschlag auf Falcone blieb Paragraph 41b ein Gesetzesdekret und wurde erst nach der Ermordung Paolo Borsellinos in die Strafvollzugsordnung aufgenommen. Es mussten zuerst Pio La Torre und Polizeipräfekt Dalla Chiesa sterben, bevor Paragraph 416 b und die Bestimmungen zur Beschlagnahme und Enteignung von Mafiagütern in Kraft traten; und es bedurfte der Anschläge von Capaci gegen Falcone und in der Via D'Amelio gegen Borsellino, damit die Haftbedingungen für Mafiosi verschärft wurden. In Italien müssen immer zuerst viele Menschen sterben, bevor ein Antimafia-Gesetz ratifiziert wird.

> Hier kann man nicht mehr bleiben. Wir müssen das Land verlassen, nicht nur Sizilien, nicht nur Italien, sondern Europa. Man kann hier nicht mehr frei und ordentlich arbeiten. Hier gibt es für uns keine Zukunft mehr. Tut mir leid, es ist ein schönes Land, aber hier gibt es keine Zukunft. Wenn ihr in Ruhe gelassen werden wollt, müsst ihr hier raus [...], wenn es mit Sizilien allein getan wäre, könntet ihr in den Norden gehen [...], aber sobald du mit deiner Mutter oder deiner Schwester, deinem Bruder oder deinem Neffen telefonierst, wirst du überwacht. Sie nehmen dir auch die Güter weg, die auf den Namen Dritter überschrieben sind, selbst wenn du achtzig bist – und zwar nur deshalb, weil du der Freund oder der Bekannte von dem und dem bist. Und es gab und gibt auf der Welt nichts Schlimmeres als die Enteignung von Gütern. So kommt man nur vom Regen in die Traufe. Wir Inzerillo sollten alle von hier weggehen. Nach Südamerika, nach Mittelamerika und fertig.
>
> *Der Boss Francesco Inzerillo zu seinen Neffen Giovanni und Giuseppe in einem abgehörten Telefongespräch aus dem Gefängnis von Turin, August 2007*

81. Gibt es Gesetze, die die Mafia begünstigen?

Niemand macht ausführlich Gesetze zugunsten der Mafia. Viele versuchen jedoch, die geltenden Bestimmungen auszuhöhlen oder zu umgehen. Manche tun es im guten Glauben und im Namen der Rechtsstaatlichkeit, andere in böswilliger Absicht, ebenfalls im Namen der Rechtsstaatlichkeit.

Nehmen wir zum Beispiel die ständigen Änderungen der Kronzeugenregelung. Kürzlich wurde ein Gesetzesentwurf vorgelegt, der die Verknüpfung der Aussagen von Kronzeugen abschaffen wollte. In der Praxis hätte damit die Aussage von fünf Kronzeugen nicht mehr Wert als die eines einzigen, der ihnen widerspricht. Unter diesen Bedingungen hätten der Maxi-Prozess von Palermo und zahlreiche andere Prozesse, etwa gegen die Mörder von Falcone und Borsellino, gar nicht erst geführt werden können. Von verschiedener Seite wird zudem versucht, Paragraph 41 b und das Gesetz zur Enteignung illegaler Vermögenswerte zu »überarbeiten«.

Weitere Gesetze, die den Kampf gegen die Mafia direkt oder indirekt geschwächt haben, sind das Gesetz zur Steueramnestie für Schwarzgeld aus dem Ausland, das Gesetz zur Straffreiheit bei Verstößen gegen das Gesellschaftsrecht sowie das Gesetz zur Verkürzung der Verjährungsfristen, wodurch viele Strafurteile gegen die Bosse faktisch ohne Wirkung blieben.

Manche zweideutigen Signale kamen von der Regierung Berlusconi und von Mitte rechts, andere von Mitte links. Der Vorschlag zur Schließung der Hochsicherheitsgefängnisse auf den Inseln Pianosa und Asinara, wo nach den Anschlägen von 1992 die gefährlichsten Bosse der Cosa Nostra einsaßen, kam beispielsweise von einer Mitte-rechts-Regierung. Die Schließung selbst erfolgte unter einer Mitte-links-Regierung.

Bei der Antimafia-Gesetzgebung der letzten Zeit ist schon alles Mögliche und auch sein Gegenteil vorgekommen.

Ein anderes Beispiel ist das Gesetz zur Beschlagnahme und Enteignung von Besitztümern der Mafia. Eine Änderung zu einem Haushaltsgesetz sieht vor, dass die enteigneten Mafiagüter, die nicht innerhalb von drei oder sechs Monaten – ein sehr kurzer Zeitraum – einer gemeinnützigen Bestimmung übergeben werden, versteigert werden müssen. Es liegt auf der Hand, dass eine Versteigerung den Bossen die Möglichkeit gibt, sich ihre Güter über Strohmänner zurückzukaufen, was auch schon vorgekommen ist. Jetzt aber können auch nach dem Tod eines Mafioso dessen Güter beschlagnahmt werden. Vorher ging sein Besitz an seine Kinder über, und der Tod des Mafioso kam einer Reinwaschung seines Vermögens gleich. Die politischen Signale sind also nie ganz eindeutig.

Im Herbst 2010 verkündete Innenminister Roberto Maroni triumphal: »Wir wollen den Krieg gegen die Mafia gewinnen, und wir werden dieses Krebsgeschwür bis zum Ende der Legislaturperiode besiegen.« Doch ein paar Tage zuvor war der Ministerrat nicht einmal bereit gewesen, den Gemeinderat von Fondi aufzulösen, eines von der Camorra unterwanderten Städtchens in der Provinz Latina.

Um die externe Unterstützung einer mafiaartigen Vereinigung ist in Italien eine Grundsatzdebatte entbrannt, die auf der Ebene der Rechtstheorie, der Rechtsprechung, aber vor allem auch der Politik geführt wird. Die Notwendigkeit, die externe Unterstützung einer mafiaartigen Vereinigung ins Strafrecht aufzunehmen, geht zurück in die Zeit kurz vor den Attentaten des Jahres 1992. Damalige Ermittlungen hatten ergeben, dass Vertreter des Staates und des Unternehmertums die organisierte Kriminalität unterstützten. Das Problem der externen Unterstützung löst auch in Justizkreisen immer wieder heftige Kontroversen aus. Die letzte entzündete sich am Fall des ehemaligen Regionalpräsidenten von Sizilien, Totò Cuffaro, der vor Gericht gestellt wurde, weil er geheime Informationen über Abhöraktionen an die Mafia weitergegeben hatte. Ein Teil der Staatsanwaltschaft Palermo wollte ihn wegen externer Unterstützung einer mafiaartigen Vereinigung, ein anderer Teil wegen Begünstigung der Mafia verurteilen. Die Staatsanwaltschaft Palermo war in dieser Frage geteilt, doch am Ende setzten sich die Befürworter der »Begünstigung« durch, und Totò Cuffaro wurde »nur« wegen dieses Vergehens verurteilt. Cuffaro zählt damit zu den wenigen Politikern Siziliens, die aufgrund ihrer Nähe zur Mafia rechtskräftig verurteilt wurden. Andere Größen aus Politik und Justiz, die wegen externer Unterstützung einer mafiaartigen Vereinigung vor Gericht gestellt wurden (der ehemalige

Minister Calogero Mannino, der Europaabgeordnete Francesco Musotto, der Richter Corrado Carnevale, um nur einige zu nennen), wurden freigesprochen.

Die externe Unterstützung einer mafiaartigen Vereinigung ist Anlass hitziger Debatten. Einige wollen sie als Straftatbestand abschaffen und betrachten sie als einen »surrealen« Anklagepunkt oder, wie Paolo Granzotto in der Zeitung *Il Giornale*, als »eine juristische Abnormität, die weder in unserem noch in sonst irgendeinem Strafgesetzbuch weltweit zu finden ist und nicht einmal in Kambodscha unter Pol Pot oder in Uganda unter Idi Amin existierte«. Für andere ist und bleibt sie ein wichtiges Instrument, um die Verbündeten der Ehrenmänner in Anzug und Krawatte, also die Vertreter des mafiosen Bürgertums, zur Rechenschaft zu ziehen.

Zum Beweis dafür, dass in Sachen Mafia und Antimafia alles schon einmal da gewesen ist, sei daran erinnert, dass bereits in zwei Gerichtsurteilen vor hundertfünfunddreißig Jahren der Straftatbestand der externen Unterstützung einer mafiaartigen Vereinigung auftaucht. Es handelt sich um Urteile des damaligen Kassationsgerichts Palermo aus dem Jahr 1875.

82. Welche Regierungen waren der Mafia gegenüber am nachsichtigsten?

Der im November 2011 als Ministerpräsident zurückgetretene Silvio Berlusconi hat sich stets damit gebrüstet, dass seine Regierung entschlossener als jede andere die Mafia bekämpft habe. In Wirklichkeit hat seine Regierung ein Paket von Gesetzen und Verordnungen vorgelegt, die ein wahres Geschenk an die Mafia sind. Allen voran der »Steuerschutzschild«, der eine Strafverfolgung für alle Vergehen im Zusammenhang mit Steuerhinterziehung und illegalem Kapitalexport ausschließt.

Seit Monaten ist auch von einer Reform der Telefonüberwachung die Rede – manche sprechen von einer Gegenreform –, um das Überhandnehmen von Lauschangriffen zu begrenzen. Auch das gibt Anlass zu heftigen Kontroversen. Die einen kritisieren, die Bevölkerung werde hemmungslos ausspioniert; von den telefonischen Abhöraktionen seien jährlich mindestens drei Millionen Italiener betroffen. Laut einer offiziellen Statistik des Justizministeriums wurden im Jahr 2007 in Italien rund siebzigtausend Anträge auf Telefonüberwachung genehmigt und zwanzigtausend Personen abgehört, das sind weniger als 0,5 Prozent der Bevölkerung. Ohne die Mitschnitte von Telefongesprächen würde es der Polizei und der Staatsanwaltschaft niemals gelingen, die Mafiosi dingfest zu machen.

83. Welche Regierungen stellten sich am nachdrücklichsten gegen die Mafia?

Wenn die Mafia nicht schießt und unsichtbar bleibt, glauben die italienischen Regierungen gern, dass sie gar nicht existiert. Sehen wir einmal von den Regierungen ab, die gegen die Mafia etwas getan haben, und betrachten wir die Zeit zwischen Frühjahr 1991 und Frühjahr 1992, als Andreotti zum siebten Mal Ministerpräsident war: die zehnte Legislaturperiode mit Justizminister Claudio Martelli und Innenminister Vincenzo Scotti. Es war die Regierung eines Ministerpräsidenten, dem man enge Verbindungen zu Mafiakreisen nachsagte und der wenige Jahre später in Palermo wegen seiner Verbindungen zur Mafia vor Gericht gestellt wurde. Ein Paradox? Ja, und dieses Paradox kennzeichnet Italien. Giulio Andreotti hat sich vor Gericht stets mit dem Verweis auf die »strengen Antimafia-Gesetze« seiner Regierung verteidigt. Viele widersprechen und argumentieren, der Senator auf Lebenszeit könne diese Maßnahmen nicht als sein Verdienst reklamieren, da sie von seinen Ministern durchgesetzt wurden.

In jenem Jahr 1991 leitete Giovanni Falcone seit gut zwölf Monaten die Direktion für Strafsachen beim Justizministerium in Rom. Auf seinen Vorschlag hin begannen Scotti und Martelli Anfang April in aller Heimlichkeit damit, Maßnahmen, Gesetze und Richtlinien gegen die Mafia zu erarbeiten. Erwogen wurde auch eine Haftverschärfung für verurteilte Mafiosi, die später als Paragraph 41 b ins Strafvollzugsgesetz Eingang fand. Alle diese Bestimmungen erhielten, wie gesagt, erst nach dem Attentat auf Falcone Gesetzeskraft. De facto sind und bleiben sie jedoch zusammen mit dem Rognoni-La Torre-Gesetz die entschlossenste, umfassendste und wirksamste Regierungsinitiative zur Bekämpfung der Mafia.

84. Wann entstand die Antimafia?

Die Antimafia entstand zu einem Zeitpunkt, als sie noch gar nicht »Antimafia« hieß und der Kampf gegen die Mafia ein Kampf um das Land und das Wasser eines durstigen Sizilien war: ein Kampf um Gerechtigkeit und ums Überleben. Die Pioniere der Antimafia waren die *Fasci siciliani* Ende des 19. Jahrhunderts, das erste Beispiel einer modernen Gewerkschaftsbewegung auf der Insel. Bauern, Tagelöhner und Bergarbeiter aus den Schwefelminen im Inselinnern waren die Protagonisten eines Aufstands, der vom damaligen italienischen Ministerpräsidenten, dem Sizilianer Francesco Crispi, blutig niedergeschlagen wurde. Soldaten und mafiose Feldhüter, die *campieri*, schossen Seite an Seite auf die demonstrierenden Massen. Zwischen 1891 und 1894 wurden mehr als hundert sizilianische Bauern und Bergarbeiter getötet.

Auch fünfzig Jahre später, als fünfhunderttausend Bauern die großen Ländereien besetzten, sprach man noch nicht von einer Antimafia. Grundbesitzer und Regierungsvertreter schossen auch diesmal auf die »Aufständischen«. Es waren die Jahre der Massaker an Gewerkschaftern, zu denen Placido Rizzotto, Accursio Miraglia und Salvatore Carnevale gehörten. Am 1. Mai 1947 kam es zum ersten Blutbad des republikanischen Italien, als in Portella della Ginestra elf Menschen getötet und siebenundzwanzig verletzt wurden. Einige Führer dieser Bauernbewegung wurden zur Legende, unter ihnen Girolamo Li Causi und Pio La Torre, der spätere Vorsitzende der sizilianischen Kommunistischen Partei, der Jahre später, 1982, von den Corleonesern getötet wurde.

Der Begriff Antimafia ging im Dezember 1962 in den allgemeinen Sprachgebrauch über, als dreißig Abgeordnete und Senatoren einen Parlamentsausschuss zur Untersuchung des »Phänomens der Mafia in Sizilien« ins Leben riefen. Dieser erste Antimafia-Ausschuss nahm seine Tätigkeit zu der Zeit auf, als der noch junge Salvo Lima – ein Anhänger des damaligen christdemokratischen Ministerpräsidenten Amintore Fanfani und Schützling des Ministers Giovanni Gioia – Bürgermeister von Palermo und als Vito Ciancimino, der in der Gunst des Ministers Bernardo Mattarella stand, Baustadtrat war.

Die Tätigkeit des Ausschusses endete nach dreizehn Jahren mit einem Bericht der Mehrheit und einem Bericht der Minderheit. Im Kern erzählen die Dokumente dieses Gremiums bereits die ganze Geschichte der Mafia des westlichen Sizilien. Sie enthalten die Namen und Zunamen der wichtigsten Akteure, von denen wir vielen Ende der siebziger, Anfang der achtziger Jahre wiederbegegnen. Ihre Kinder und Enkelkinder stehen im Zentrum auch der jüngsten polizeilichen und strafrechtlichen Ermittlungen zur Cosa Nostra. Der Kampf gegen die Mafia wurde in den 1960er und 1970er Jahren von den Kräften der politischen Opposition vorangetrieben, insbesondere von der Kommunistischen Partei. Die Regierungsparteien, allen voran die Christdemokraten (Democrazia Cristiana), waren seit dem Zweiten Weltkrieg auf allen Ebenen immer wieder in die Geschehnisse verstrickt.

Meine Herren Senatoren, wenn man nach Palermo kommt oder sich auch nur mit jemandem aus der Provinz Palermo trifft, kommt man schon nach wenigen Minuten unweigerlich auf die Mafia zu sprechen: Die Mafia beherrscht das Gespräch auf allen Ebenen. Wenn ein schönes Mädchen vorübergeht, wird ein Sizilianer Ihnen sagen, sie sei *mafiosa*; ist es ein frühreifer Junge, wird er Ihnen sagen, er sei *mafioso*. Man spricht von der Mafia in allen möglichen Zusammenhängen. Aber, meine Herren Senatoren, mir scheint, man übertreibt [...].

Innenminister Mario Scelba bei einer Rede im Senat
am 25. Juni 1949

Die sizilianische Antimafia-Bewegung im eigentlichen Sinn entstand Anfang der 1980er Jahre, in den Monaten nach der Ermordung des Carabinieri-Generals Carlo Alberto Dalla Chiesa. Ein frühes Beispiel für den militanten Kampf gegen die Mafia ist das Centro Impastato, das als Dokumentationszentrum kurz vor der Ermordung Giuseppe Impastatos in Cinisi von Umberto Santino gegründet wurde. Das Centro hat es sich zur Aufgabe gemacht, die Mafia zu erforschen und Daten und Informationen zur Cosa Nostra zu sammeln. Ohne das Centro Impastato, das entscheidenden Anteil an der Aufklärung des Verbrechens an Giuseppe Impastato hatte (vgl. Kap. 75), wäre dieser Mann wohl als Terrorist und Selbstmörder in die Geschichte eingegangen – so wie es Mafia und Ordnungshüter gern gehabt hätten.

Es folgte die Gründung der Associazione Coordinamento Antimafia in Palermo, die sich 1987 maßgeblich an der erbitterten Polemik nach Erscheinen von Leonardo Sciascias Artikel »I professionisti dell'Antimafia« (»Die Antimafia-Karrieristen«; im *Corriere della Sera* vom 10.1.1987) beteiligte. In Catania gründete der Journalist Pippo Fava die Zeitschrift *I siciliani*, der Redemptoristen-Pater Nino Fasullo in Palermo die Zeitschrift *Segno*. Bürgermeister von Palermo war damals Leoluca Orlando, der mit der Democrazia Cristiana brach und mit seinem politisch bunt gemischten Gemeinderat den Antimafia-Initiativen den Weg ebnete. Es schien, als wäre die Stadt aus ihrer Trägheit und Gleichgültigkeit erwacht.

Nach Rückschritten und gewissen Ermüdungserscheinungen Ende der achtziger Jahre gewann die Antimafia-Bewegung nach der *strage di Capaci* – der Ermordung Falcones, seiner Frau und seiner fünf Leibwächter – erneut an Kraft, schwächte sich aber von Jahr zu Jahr immer weiter ab. Heute zeigt sie sich bisweilen als äußerst zaghaft: eine Antimafia, die nur Fassade ist, konformistisch und ohne Sinn für das, was tatsächlich geschieht. Diese Antimafia ist sehr weit entfernt von dem mutigen Engagement des Priesters Don Luigi Ciotti, der Mitte der neunziger

Jahre die Bewegung *Libera* mit mehr als tausendfünfhundert Vereinen, Gruppen und Schulen in ganz Italien ins Leben rief: Menschen, die nicht nur reden, sondern etwas tun. Sie verwalten zahlreiche vom Staat enteignete Güter der Mafiabosse. Sie bebauen die Weizenfelder, die Totò Riina weggenommen wurden, sie bewirtschaften die Olivenhaine Matteo Messina Denaros und die Weinberge der Familie Brusca aus San Giuseppe Jato in der Provinz Palermo.

85. Was tut die Pseudo-Antimafia?

Sie schwafelt, statt zu argumentieren, und sie hat nichts begriffen; sie ist zu bequem, um die Fakten zu prüfen, sie differenziert nicht, sondern wirft alles in einen Topf. Sie ist streitsüchtig und bisweilen opportunistisch und pocht nur dann auf Rechtsstaatlichkeit, wenn sie ihren eigenen Zielen zugute kommt. Sie berauscht sich an abgedroschenen Phrasen und vorgefertigten Sätzen und nimmt als selbstverständlich hin, was ganz und gar nicht selbstverständlich ist. Ihr Weltbild ist schwarzweiß, während Sizilien in Wirklichkeit ein riesiger grauer Fleck ist. Sie marschiert auf, mahnt, feiert Gedenktage und tut, als hätte sie die Wahrheit für sich gepachtet. Sie hört nicht zu, weil sie ohnehin nicht verstehen will. Aus der Geschichte der Mafia zieht sie keine Lehren, denn sie weiß ja ohnehin schon alles. Diese Antimafia spielt letztlich das Spiel der Mafia.

Ein Zwischenfall vor ein paar Jahren lässt uns diese konformistische Antimafia besser verstehen: Eines Tages tauchten an den Mauern der Kathedrale und der Fakultät für Architektur in Palermo zwei großformatige Graffiti auf. Sie zeigten Fahndungsfotos von Matteo Messina Denaro, dem untergetauchten Boss der Cosa Nostra aus der Provinz Trapani, dazu den Schriftzug »L'ultimo«, der Letzte, und das Dollarzeichen. Sofort begann der übliche Zirkus der Pseudo-Antimafia-Bewegung. Bei Polizei und Staatsanwaltschaft gingen Strafanzeigen gegen diejenigen ein, die sich erlaubt hatten, den Mafiaboss aus Trapani zu »verklären«, so der Ausdruck. Carabinieri und Polizei begannen – eher halbherzig – mit der Jagd nach den Urhebern dieser vermeintlich skandalösen Überhöhung der Mafia.

Schließlich stellten sich die »Handlanger der Mafia« verwundert der Polizei. Es waren zwei achtzehnjährige Architekturstudenten; einer war der Enkel von Staatsanwalt Gaetano Costa, den die Cosa Nostra ermordet hatte; der andere stammte aus einem aufgeklärten bürgerlichen Elternhaus aus Palermo. Die Jungs waren irritiert von dem, was sie in den Tagen zuvor gesehen und gehört hatten, als die Jagd nach den Schuldigen begann: nach ihnen beiden. Sie legten den Ermittlern dar, was von Anfang an klar war: Es ging ihnen nicht darum, die Mafia zu verherrlichen; im Gegenteil, sie wollten im Rahmen einer Kunstaktion den letzten großen, steckbrieflich gesuchten Mafiaboss ins öffentliche Bewusstsein rücken. Wo lag hier der Skandal? Wo die mafiose Gesinnung der beiden Graffiti-Künstler?

Die ernsthafte, wirkliche Antimafia dagegen jagt der Mafia Angst ein. Die Bosse wissen, welche Gefahr von dieser Bewegung ausgeht, und haben begonnen, sie zu fürchten. Jetzt versuchen sie, diesen Kampf für ihre eigenen Ziele zu nutzen, indem sie die Antimafia unterwandern und sich hinter ihr verschanzen.

86. Tarnt sich die Mafia als Antimafia?

In den letzten Jahren organisierte und finanzierte die Cosa Nostra sogar selbst Kundgebungen im Namen von Recht und Gesetz. Sie versuchte, ihre Leute in Antimafia-Organisationen einzuschleusen. Antonino Rotolo, Mitglied des obersten Führungsgremiums der Mafia, der Cupola, empfahl einem Freund und Unternehmer, sich der Bewegung Addiopizzo gegen die Schutzgelderpressung anzuschließen, um sich den polizeilichen Ermittlungen zu entziehen. »Um deinen Arsch zu retten«, meinte Rotolo.

Um ihre schmutzigen Machenschaften zu decken und sich in der Öffentlichkeit als Kämpfer gegen die Mafia zu stilisieren, verlieh die mafiose Kommunalverwaltung von Villabate bei

Palermo dem Carabinieri-Hauptmann Ultimo (dem berühmten »Capitano Ultimo«, der Totò Riina festgenommen hatte) die Ehrenbürgerschaft. Der Bürgermeister hatte die Erlaubnis des Bezirkschefs der Mafia und die Zustimmung Bernardo Provenzanos.

»Die Mafia ist abscheulich« (»La mafia fa schifo«), erklärte ein bekannter Vertreter des sizilianischen Industriellenverbands Sicindustria gebetsmühlenhaft gegenüber der Presse. Später wurde ein Ermittlungsverfahren gegen ihn eingeleitet: Er war ein Mitglied der Mafiafamilie Bontate. Die sizilianische Regionalverwaltung ließ an sämtlichen Hausmauern der Insel riesige Plakate mit der Aufschrift »Die Mafia ist abscheulich« anbringen – ausgerechnet die Regionalverwaltung Siziliens, in der sich die Cosa Nostra seit mehr als fünfzig Jahren eingenistet hat.

87. Bedeutet es für einen Ehrenmann nicht Verrat, wenn er sagt: »Die Mafia ist abscheulich«?

Für die Ehrenmänner war das Wort »Mafia« einst tabu. Es auszusprechen, darauf stand der Tod. Die Mafia durfte es nicht geben, und deshalb gab es sie nicht. Heute jedoch, durch Ermittlungen und Strafprozesse in die Enge getrieben, wissen die Mafiosi, dass es für sie sehr schwierig sein wird, sich aus dem Treibsand zu befreien, in den sie hineingeraten sind. Die Ehrenmänner wissen, welches Schicksal ihnen droht: Sie werden verfolgt, ins Gefängnis gesteckt und nach Paragraph 41 b verschärften Haftbedingungen ausgesetzt. Es ist sinnlos geworden, die Existenz einer kriminellen Organisation zu leugnen, die in den Augen der Weltöffentlichkeit längst entlarvt ist. Und es bringt auch nichts, im Gegenteil. Daher versuchen die Mafiosi, zu retten, was zu retten ist. Sie legen Teilgeständnisse ab und sind um Schadensbegrenzung bemüht. Pragmatisch, wie sie sind, wissen sie, dass sie sich der Verurteilung wegen Bildung einer kriminellen Vereinigung nicht entziehen können. Sie haben nachgerechnet: besser zehn Jahre Haft wegen Zugehörigkeit zur Mafia als eine lebenslange Freiheitsstrafe wegen Mordes. Jetzt erklären sie sogar öffentlich, die Mafia sei abscheulich, oder gestehen auf diese oder jene Weise ihre Zugehörigkeit zu dieser Organisation ein. Der Satz, der auf den ersten Blick wie eine Diffamierung wirkt, ist in Wahrheit ein perfider Akt. Es ist der Versuch unterzutauchen, sich unter die Menge zu mischen, in einer Kultur aufzugehen, die die Mafia entlarvt und verurteilt hat.

Der Erste, der mit solchen Äußerungen im Frühsommer 2009 auf sich aufmerksam machte, war der Boss Antonino Rotolo. Seinem Beispiel folgten Antonino Cinà und Salvatore Lo Piccolo, gleichfalls wichtige Mafiosi. Ende November desselben Jahres machte Nicola Mandalà, ein Bernardo Provenzano nahestehender Ehrenmann, der wegen Mordes an dem Unternehmer Geraci vor Gericht stand, vor der dritten Strafkammer des Schwurgerichts Palermo im Berufungsverfahren eine überraschende Aussage: »Ich war Mitglied der mafiosen Vereinigung Cosa Nostra. Ich möchte meine Verurteilung für diese Straftat durch das Gericht nicht in Frage stellen, aber ich bin kein Mörder. Ich habe schweren Schaden angerichtet und entschuldige mich für alles, was ich getan habe, aber mit dem Mord an dem Unternehmer Salvatore Geraci habe ich nichts zu tun.« Am Ende kamen auch die Brüder Filippo und Giuseppe Graviano, der harte Kern der Cosa Nostra: Attentäter und Verbündete Totò Riinas. Der eine ist dabei, sich loszusagen, der andere hat seine Bereitschaft angekündigt, bei der Suche nach den Auftraggebern der Mafiaanschläge von 1992 und 1993 »behilflich zu sein«, wenn er im Gegenzug Hafterleichterung erhalte.

Wenn die Ehrenmänner hundertfünfzig Jahre lang das Gesetz des Schweigens (die *omertà*) befolgten, muss ihre plötzliche Redseligkeit doch etwas zu bedeuten haben. Es ist eine neue Strategie. In der Welt der Mafia sind große Veränderungen im Gang.

Am 12. Oktober 2007 erklärte Francolino Spadaro vor Gericht, wo er wegen Erpressung angeklagt war: »Die Mafia ist abscheulich!« Spadaro ist der Sohn des Mafioso Tommaso Spadaro, der sich aufgrund seines Reichtums und aufgrund der Arbeitsplätze, die er durch seine Schmuggelgeschäfte schuf, als der »Agnelli von Palermo« bezeichnete. Er und seine Mitstreiter hatten Geld von Vincenzo Conticello erpresst, dem Besitzer der *Antica Focacceria San Francesco*. Das legendäre Restaurant gab es bereits vor der Landung der Garibaldiner in Sizilien. Hier waren die Könige Italiens, Spaniens und Belgiens, der Schriftsteller Luigi Pirandello und der italienische Ministerpräsident Francesco Crispi bewirtet worden. Spadaro konnte diese Erklärung nur deshalb abgeben, weil er die Erlaubnis dazu erhalten hatte. Zwanzig Jahre zuvor hätte er bereits wegen eines sehr viel geringeren Vergehens sterben müssen. Wer sich falsch ausdrückte, musste sterben.

Palermo. Der Maxi-Prozess hat vor acht Monaten begonnen. Die Stadt hüllt sich in Schweigen. Es gibt keine Raubüberfälle. Es gibt keine Diebstähle. Es ist verboten, Aufsehen zu erregen. Und vor allem ist es verboten zu morden. Ein »Beschluss« der Cosa Nostra untersagt für die Dauer der Hauptverhandlung jegliches Blutvergießen. Die Bosse wollen sich keine neue Bürde aufladen, während sie vor Gericht stehen. Am Abend des 7. Oktober jedoch drückt im Viertel San Lorenzo ein Killer den Abzug und erschießt den zehnjährigen Claudio Domino. Die Mafia hatte den Befehl ausgegeben, nicht zu morden. Wer also hat Claudio getötet? Am Tag nach dem Verbrechen ergreift während der Verhandlung im Maxi-Prozess Giovanni Bontate das Wort, der Bruder des Bosses der palermitanischen Cosa Nostra, Stefano Bontate, der zu Beginn des Mafiakriegs ermordet worden war: »Herr Vorsitzender, wir haben mit dem Mord nichts zu tun«, versichert er. »Wir waren es nicht, dieses Verbrechen ist für uns eine Beleidigung.«
Es ist das erste Mal, dass ein Mafioso, ja ein Mafiaboss das Wörtchen »wir« ausspricht – ein Bekenntnis, dass die kriminelle Vereinigung namens Cosa Nostra tatsächlich existiert. Giovanni Bontate zerschneidet das heiligste Band der Organisation: ihre Verschwiegenheit. Und zwar in aller Öffentlichkeit. Ein Jahr nach dieser Bekundung im Gerichtsbunker

dringen drei Auftragskiller in Giovanni Bontates Haus in Villagrazia ein, wo der Mafioso unter Hausarrest steht, und
töten ihn und seine Frau. Wegen dieses Wörtchens »wir«, das
er ein Jahr zuvor ausgesprochen hat.
Sehr viel später entdecken die Ermittler auch das Motiv für
den Mord an dem kleinen Claudio. Der Auftraggeber war
der Geliebte der Mutter des Jungen, der sterben musste, weil
er ihn und seine Mutter beim Flirten gesehen hatte.

La Repubblica, 10. Februar 2006

V Das Bild der Mafia in den Medien

88. Hat die Literatur zum Thema Mafia der Cosa Nostra mehr genützt oder geschadet?

Bevor es eine Literatur *über* die Mafia gab, gab es eine Literatur *der* Mafia, in der die Vorläufer der Ehrenmänner als positive Persönlichkeiten beschrieben wurden. Den Anfang machte der erfolgreiche Roman des Sizilianers Luigi Natoli alias William Galt, *I Beati Paoli*, der 1909 und 1910 in der Zeitung *Giornale di Sicilia* veröffentlicht wurde. (Dt.: *Der Roman der Beati Paoli*, Teil 1: *Der Bastard von Palermo*, Teil 2: *In den Katakomben von Palermo*, 1996 bzw. 1998.)

Die Beati Paoli könnte man als die Urahnen der Mafiosi betrachten, und nicht zufällig erinnerte Tommaso Buscetta in einer seiner ersten Aussagen als Kronzeuge daran, dass die Mafia »nicht erst jetzt entstanden ist, sie kommt aus der Vergangenheit. Am Anfang waren die Beati Paoli, die an der Seite der Armen gegen die Reichen kämpften [...]. Und wir haben denselben Schwur geleistet, wir haben dieselbe Verpflichtung.«

In Wirklichkeit fehlt jeder sichere Beleg für die Existenz der Beati Paoli zwischen dem 18. und dem 20. Jahrhundert. Zwar gab es bereits im 12. Jahrhundert in Palermo eine Geheimsekte oder Bruderschaft, sie trug jedoch den Namen *Setta dei Vendicosi*, Sekte der Rächer. Die mit Kapuzen verhüllten Männer trafen sich in Grotten und Höhlen, die nur über unterirdische Gänge erreichbar waren, wie sie das palmermitanische Viertel Capo heute noch durchziehen, und waren die Rächer und Beschützer der Unterdrückten gegen die Übermacht des Adels. Der Mafioso Salvatore Contorno hatte in seiner Familie aus dem Viertel Santa Maria del Gesù den Beinamen Coriolano della Floresta. So heißt der Titelheld eines weiteren Romans, den Luigi Natoli nach dem großen Erfolg der *Beati Paoli* schrieb und der den Geist der Mafia atmet.

Die am deutlichsten »heroische« Interpretation der Mafia jedoch stammt von dem palermitanischen Schriftsteller und Ethnologen Giuseppe Pitrè. Er schrieb Ende des 19. Jahrhunderts (*Usi e costumi, credenze e pregiudizi del popolo siciliano,* 1889), der Mafioso sei »kein Räuber und kein Gauner [...]. Der Mafioso ist nur ein beherzter und tapferer Mann, der sich nichts gefallen lässt, und in diesem Sinn ist es geboten, ja unerlässlich, ein Mafioso zu sein [...]. Die Mafia ist das Bewusstsein des eigenen Seins, die übersteigerte Vorstellung von der Macht des Individuums.«

Franchettis und Sonninos Untersuchung über Sizilien aus dem Jahr 1876 einmal ausgeklammert, tritt in der Literatur erst mit Leonardo Sciascia und mit Michele Pantaleone (*Mafia e politica* von 1962 und *L'industria del potere* von 1972) ein grundsätzlich anderes Bild der Mafia hervor.

Die große sizilianische Literatur von Verga über Pirandello, Capuana und Brancati bis hin zu Vittorini interessierte sich nicht für dieses Thema. In Pirandellos Werken tauchen zwar mafiose Figuren auf, aber sie werden nie als Mafiosi bezeichnet. Und bei Verga findet sich nur etwas Unausgesprochenes. Er lässt die Mafia zwar gelegentlich auftreten, nennt sie aber gleichfalls nie beim Namen. Die Mafia wurde erstmals von Giuseppe Tomasi di Lampedusa literarisch behandelt. In seinem Roman *Il gattopardo* (*Der Leopard*) erzählt er vom Übergang der großen Grundbesitzungen vom Landadel auf das Bürgertum Mitte des 19. Jahrhunderts. Und es fällt der berühmte Satz: »Wir waren die

Leoparden, die Löwen. Unseren Platz werden die Schakale einnehmen, die Hyänen.« Hier, in dieser Umbruchszeit, liegt der eigentliche historische Ursprung der sizilianischen Mafia.

89. Apropos Sciascia: War er ein Schriftsteller gegen die Mafia oder gegen die Antimafia?

Der gegen Leonardo Sciascia erhobene Vorwurf, er sei von der Mafia »verhext« worden, ist sehr kleinlich. Er entstand im Zuge der Polemik nach Erscheinen seines erwähnten Artikels über die »Professionisti dell'Antimafia« (»Die Antimafia-Karrieristen«) im Jahr 1987, wo er beklagt, dass auch der Kampf gegen die Mafia zu einem machtpolitischen Instrument werden könne. Sciascias Überlegungen hatten durchaus einen wahren Kern, wenn man sieht, wie man auch heute mit Hilfe der Antimafia Karriere machen kann und wie schnell sich so mancher zu einem Mafiagegner stilisiert, obwohl er ganz andere Interessen verfolgt. Mit den Beispielen allerdings, auf die er sich bezog – Paolo Borsellino, damals Leitender Oberstaatsanwalt von Marsala, und Leoluca Orlando, damals Bürgermeister von Palermo –, lag Sciascia eindeutig daneben. Sizilien brauchte in jenen Jahren einen Wandel, einen radikalen Bruch mit der Vergangenheit, und die Antimafia-Kämpfer Borsellino und Orlando standen – jeder auf seine Weise – für diesen Bruch.

Man darf jedoch den sizilianischen Schriftsteller nicht auf diese Polemik festnageln und alles ausklammern, was er zuvor geschrieben und gesagt hatte. Sciascia wurde von beiden Seiten gnadenlos vereinnahmt. Viele vergaßen, was er über den Wandel der Mafia von einer ländlich zu einer städtisch geprägten Organisation und insbesondere über ihre Ausbreitung in ganz Italien geschrieben hatte. Bereits 1979 hatte Sciascia in einem in Buchform erschienenen Interview mit der französischen Journalistin Marcelle Padovani, *La Sicilia come Metafora* (»Sizilien als Metapher«), von der »Palmengrenze« gesprochen, »die fünfzig Meter im Jahr vom Süden in den Norden hinaufwandert«. Diese »Palmengrenze« stand für die Infizierung Italiens durch ein ganz bestimmtes Sizilien, für die Infizierung durch die Mafia, für die »Sizilianisierung Italiens«.

Sciascias Artikel über die »Professionisti dell'Antimafia« entwertete in den Augen seiner Gegner alles, was er jemals über Sizilien geschrieben und mitgeteilt hatte. Man stellte sein zivilgesellschaftliches Engagement in Frage, überprüfte akribisch jede Zeile seines Romans *Il giorno della civetta* (1961. Dt. 1964: *Der Tag der Eule*) und warf ihm eine unpolitische Haltung, Indifferenz, die Stilisierung des Mafioso zum Mythos und einen abgrundtiefen Zynismus vor.

> »Ich«, fuhr Don Mariano dann fort, »besitze eine gewisse Welterfahrung. Und was wir die Menschheit nennen – und wir nehmen den Mund gewaltig voll mit diesem schönen, hochtrabenden Wort Menschheit –, teile ich in fünf Kategorien ein: die Menschen, die Halbmenschen, die Menschlein, die (mit Verlaub gesagt) Arschkriecher und die Blablas [...]. Ganz selten sind die Menschen, selten auch die Halbmenschen. Und ich wär's zufrieden, wenn die Menschheit bei den Halbmenschen aufhörte [...]. Aber nein, sie steigt noch tiefer hinab zu den Menschlein. Die sind wie die Kinder, die sich erwachsen vorkommen, Affen, die die gleichen Bewegungen wie die Großen machen [...]. Und noch weiter unten die Arschkriecher, die schon ein ganzes Heer bilden [...]. Und schließlich die Blablas, die wie die Enten in Tümpeln leben müssten. Denn ihr Leben hat nicht mehr Sinn und Verstand als das der Enten [...]. Sie, auch wenn Sie mich auf diese Akte festnageln wollen, Sie sind ein Mensch [...].«
> »Sie ebenfalls«, sagte der Hauptmann gereizt.
>
> *Aus: Leonardo Sciascia,* Der Tag der Eule*;*
> *dt. Übersetzung von Arianna Giachi*

Der Erste, der Sciascia attackierte, war der Soziologe Pino Arlacchi. Ein paar Jahre später, wenngleich in einem anderen Ton und mit anderen Argumenten, folgte der Philosoph Manlio Sgalambro: »Hören wir endlich auf, die Verhältnisse in Sizilien mit dem Phänomen der Mafia zu erklären.« Ihm hielt Vincenzo Consolo, ein anderer großer sizilianischer Schriftsteller, entgegen: »Wenn Sgalambro so denkt, dann soll er uns doch sagen, dass die Mafia am Ende ist, dass Sizilien ein Paradies geworden ist, die beste aller möglichen Welten.« Nicht nur die real existierende Mafia, sondern auch ihr Bild in der Literatur spaltete also die Sizilianer, ließ die Emotionen hochkochen und alte Freundschaften zerbrechen. Ein neues Kapitel dieser nie endenden Auseinandersetzung über Mafia, Antimafia und Literatur wurde 1993 mit Sebastiano Vassallis *Il cigno* (Dt. 1996: *Der Schwan*) aufgeschlagen.

Protagonisten dieses historischen Romans sind der Marquis Emanuele Notarbartolo und der Auftraggeber seiner Ermordung, der Parlamentsabgeordnete Raffaele Palizzolo, der wegen seiner anmutigen, ja femininen Art, sich zu bewegen, den Spitznamen »der Schwan« trug. Gegen Vassalli wurden genau die gegenteiligen Vorwürfe erhoben wie zuvor gegen Sciascia. Er stelle die sizilianische Gesellschaft der Mitverschworenen in den Mittelpunkt und verschweige, dass es auch ein anderes Sizilien gab – ein Sizilien, das auf die Straße ging, um das Opfer zu würdigen. Er dämonisiere die Sizilianer.

In Wahrheit ist jeder, der über die Mafia schreibt, gezwungen, Partei zu ergreifen und damit zum Gefangenen von Gemeinplätzen und Lagerdenken zu werden. Am Ende steht immer eine Anklage: wegen eines Artikels, eines Romans, eines Essays. Angesichts der noch immer blutenden Wunden ist es nie leicht, ungeteilte Zustimmung zu erfahren.

Es sind die Historiker, die unser Verständnis von der Mafia erweitert haben: Henner Hess und Anton Blok, später Francesco Renda und Salvatore Lupo. Sie haben sich nicht auf Mutmaßungen über die Mafia beschränkt, sie haben sie studiert.

Ein Passus in Salvatore Lupos *La storia della mafia* (1993. Dt. 2002: *Die Geschichte der Mafia*) verdeutlicht, was die Cosa Nostra wirklich ist. Bezogen auf die Geschichte der Familie Greco aus Ciaculli schreibt Lupo: »Wir werden in dieser *Geschichte der Mafia* einer beunruhigenden Kontinuität von Gruppen, Orten, Erfahrungen und Bereichen mafioser Machenschaften begegnen. Seit mehr als hundert Jahren üben die Greco im Viertel Ciaculli und innerhalb der Mafiaelite der Stadt Palermo die Macht aus – hundert Jahre, in denen sich Wirtschaft, Gesellschaft und Politik grundlegend verändert haben. Alles hat sich verändert, doch diese territoriale Herrschaft ist geblieben.«

Die Einigung Italiens, die industrielle Revolution, der Erste Weltkrieg, der Faschismus, der Zweite Weltkrieg, die fünfziger und sechziger Jahre, die Landung des ersten Menschen auf dem Mond ... und in Ciaculli haben nach wie vor die Greco das Kommando. Darin besteht die historische Kontinuität der Cosa Nostra. Das ist die Mafia.

90. Wie wurde die Mafia in der Presse dargestellt?

Auch in der Zeitungsberichterstattung herrschte lange ein tiefes Schweigen: Über die Mafia wurde weder gesprochen noch geschrieben. Erst ab Mitte der fünfziger Jahre erhoben sich Stimmen gegen die Mafia. Die maßgeblichste und mutigste war die der Zeitung *L'Ora* aus Palermo. Sie wurde schon am Nachmittag gedruckt und war am frühen Abend an allen Kiosken im westlichen Sizilien erhältlich. Mit ihrer investigativen, kämpferischen Berichterstattung gelang es dieser kleinen Zeitung, sich in ganz Italien Gehör zu verschaffen und sich den Ruf als eine bedeutende Stimme des italienischen Journalismus zu erobern. Vittorio Nisticò war ein herausragender Chefredakteur, herausragend waren auch seine Mitarbeiter, die Journalisten Marcello Cimino, Giuliana Saladino, Mario Farinella, Felice Chilanti, Aldo Costa und Mauro De Mauro. Von ihnen stammen die ersten großen Untersuchungen zur Mafia von Corleone, zu Vito Ciancimino und Salvo Lima, zur Schutzgelderpressung auf den Schiffswerften und dem Obst- und Gemüsemarkt, zur Plünderung Palermos durch eine beispiellose Bauspekulation und zum Klientelsystem in der Region. Die Journalisten von *L'Ora* wurden bedroht und isoliert, das Redaktionsgebäude und die Druckerei mehrmals durch Bombenanschläge zerstört.

Zum zweiten Mal innerhalb von zehn Jahren war die
Redaktion von *L'Ora* Ziel eines Bombenanschlags der Mafia.
Den ersten führte die Bande Giuliano im Jahr 1947 aus.
Der Terroranschlag heute Morgen, der sehr viel verheerender
war als der damalige, hatte vor allem ein Ziel: uns einzu-
schüchtern. Wir haben keinen Zweifel, dass er von Personen
oder Gruppen geplant und durchgeführt wurde, die sich vor
den Folgen unserer Pressekampagne fürchten.

L'Ora, 20. Oktober 1958

In *L'Ora* schrieben zahlreiche bedeutende Sizilianer: Leonardo Sciascia, Renato Guttuso, Michele Perriera, Lillo Roxas, Vincenzo Consolo und Michele Pantaleone, Enzo Sellerio, Bruno
Caruso – und Danilo Dolci. Die Geschichte dieser Zeitung, die
ihr Chefredakteur ein »Geschöpf aus Papier« nannte, ist die Geschichte von Männern und Frauen, von starken Leidenschaften,
Tragödien und Hoffnungen.

Der aus Triest stammende Danilo Dolci kam in den fünfziger
Jahren nach Sizilien, um denen, die noch nie eine Stimme ge-
habt hatten, Gehör zu verschaffen. Der Soziologe, Anthropologe,
Philosoph, Musiker, Schriftsteller und Dichter war ein Grenz-
gänger. 1965 trug er fünfzig Zeugenaussagen über die mutmaß-
lichen Beziehungen des Ministers Bernardo Mattarella und des
Staatssekretärs im Gesundheitsministerium Calogero Volpe zu
Mafiakreisen zusammen. Die Dokumente übergab er dem par-
lamentarischen Antimafia-Ausschuss. Er wurde von den beiden
Politikern verklagt, verlor den Prozess und wurde zu zwei Jahren
Haft wegen Verleumdung verurteilt.

Die Mafia mag es vor zwanzig Jahren gegeben haben, heute
ist sie am Ende. Aber ihr Journalisten beharrt immer noch
darauf ... Narren seid ihr, Narren!

*Calogero Volpe, Vorsitzender der Democrazia Cristiana von
Caltanissetta, Parlamentsabgeordneter, zwischen 1960
und 1970 Staatssekretär, zunächst für Gesundheit, später
für Post und Telekommunikation*

Die Zeitung *L'Ora* – wie *Paese Sera* in Rom aus dem Umfeld der Kommunistischen Partei – wandelte sich Ende der siebziger Jahre zu einer journalistischen Kooperative und stellte nach schweren finanziellen Nöten im Mai 1992 ihr Erscheinen ganz ein. Aber da war sie schon seit einiger Zeit nicht mehr Nisticòs »Geschöpf aus Papier«. Sie hatte dem italienischen Journalismus ihren Stempel aufgedrückt und viele unbeugsame Journalisten hervorgebracht, die heute in den Redaktionen ganz Italiens arbeiten.

Einen ganz anderen Journalismus vertritt *Il Giornale di Sicilia*, ein regierungsamtliches Blatt, das seit jeher dem politischen Establishment nahestand und stets bestrebt war, die jeweiligen Machthaber zu schonen und die blutigen Ereignisse, die damals die Insel erschütterten, in einem milden Licht erscheinen zu lassen.

An den heftigen Polemiken Anfang der achtziger Jahre war *Il Giornale di Sicilia* als Zeuge der Geschehnisse an vorderster Front beteiligt. Die Zeitung führte einen vehementen Angriff gegen Nando Dalla Chiesa, den Sohn des 1982 ermordeten Carabinieri-Generals, und beschrieb ihn als Schwärmer und ewig Gestrigen. Seine Schuld bestand darin, dass er den Sumpf, die Komplizenschaften und die Schrecknisse von Palermo anprangerte.

Ein Interview vom April 1984 gibt eine Vorstellung davon, wie der Chefredakteur und Herausgeber des *Giornale di Sicilia*, Antonio Ardizzone, die Situation in Sizilien beurteilte: »Die Mafia steht heute der politischen Macht weitgehend fern [...]. Ich glaube nicht, dass man heute noch von organischen Verbindungen zwischen der Staatsmacht und der Mafia sprechen kann [...]. Wir maßen uns nicht an, an die Stelle der Ermittler zu treten. Aber wir sprechen die Wahrheit aus, die ans Licht kommt, die volle Wahrheit.« Auf der Titelseite des *Giornale di Sicilia* standen in jenen Jahren Leitartikel mit der »Wahrheit« über Falcone und seinen Antimafia-Pool.

[...] Ein seltsames Bild geben diese Richter und Staatsanwälte ab, die heutzutage die Bühne der Justiz bevölkern: Ermittlungsrichter in kugelsicheren Westen, in der Hand eine Pistole, die in ihrem Helikopter herunterschweben und Tausende Dokumente beschlagnahmen, um anschließend wie Ritter ohne Furcht und Tadel wieder am Horizont zu entschwinden. Dies ist das Modell, das uns einige italienische Staatsanwälte in den letzten Jahren vorgeführt haben. Aber sind das wirklich Staatsanwälte? Sogar die Einsatzkräfte der Polizei bezweifeln es, wie jeder weiß, der einmal die Gelegenheit hatte, mit ihnen über dieses Thema zu sprechen, denn sie fühlen sich ihrer ureigenen Aufgabe enthoben. Und auch Carnevale scheint daran zu zweifeln, wenn er und seine Kollegen Haftbefehle und Gerichtsurteile kassieren, deren Beweisführung auf die eine oder andere Art schludrig und oberflächlich ist [...]. Wenn dagegen ein Staatsanwalt nicht mit quietschenden Reifen in einer gepanzerten Alfetta losbraust, angestrahlt vom Scheinwerferlicht der Fernsehkameras, sondern sich einsam über seine Gesetzestexte beugt, um Verfahrensregeln einzuhalten und jede Seite zu ihrem Recht kommen zu lassen, dann genießt er keine öffentliche Aufmerksamkeit und findet leider auch nicht die gebührende Anerkennung und Förderung.

Giornale di Sicilia, *30. Juni 1986*

In den großen Prozessen gegen die Mafia erlebte man nicht die Brillanz zielgerichteter Ermittlungsverfahren mit erdrückenden Beweismitteln, sondern den Schwulst demonstrativer Inszenierungen, die unter den Hieben dessen, was noch vom Rechtsstaat übrig ist, zerbröselten.

Giornale di Sicilia, *16. November 1986*

Aber nicht nur *Il Giornale di Sicilia* führte einen flammenden Feldzug gegen Giovanni Falcone und die anderen Ermittler von Palermo. Auch einige Korrespondenten und Leitartikler der Zeitung *Il Giornale* aus Mailand beteiligten sich an dieser Kampagne. Und am 29. Oktober 1991 schrieb Lino Jannuzzi im *Giornale di Napoli*: »Die Strategie dieses Duos ist nach anfänglich berauschenden Momenten angesichts all der reuigen und aussagewilligen Mafiosi und der Maxi-Prozesse an einem Punkt des völligen Scheiterns angekommen. Falcone und De Gennaro sind die Hauptverantwortlichen für das Debakel des Staates gegenüber der Mafia.«

In Catania büßte unterdessen Pippo Fava sein Leben ein. Er wurde Anfang 1984 von der Mafia ermordet, ein Mensch mit Zivilcourage, der vollständig isoliert worden war. Zwei Jahre zuvor hatte er die Monatszeitschrift *I siciliani* gegründet, die von all dem berichtete, was in Catania unter den Teppich gekehrt wurde. In der Redaktion saßen junge, engagierte Journalisten, unter ihnen Favas Sohn Claudio. Die Zeitschrift verkaufte sich gut, verfügte aber kaum über Werbeeinnahmen. Ihre Titelseiten füllten Berichte über Graci, Rendo, Costanzo und Finocchiaro, die mächtigen Unternehmer Catanias. Pippo Fava nannte sie die vier Apokalyptischen Reiter. Er berichtete auch über Benedetto Santapaola und seine Helfershelfer – Mafiosi, die in den Schaltzentralen Catanias höchsten Respekt genossen. Pippo Fava war ein einsamer Rufer in der Wüste. Und er starb allein. In Catanias Tageszeitung *La Sicilia* konnten »wir nicht einmal einen Nachruf auf ihn veröffentlichen, weil das Wort Mafia darin nicht vorkommen durfte«, erinnert sich Claudio Fava.

91. Was passiert mit den Journalisten, die »zu viel« über die Mafia schreiben?

Manche werden umgebracht, andere bedroht oder isoliert. In Sizilien fielen bisher acht Journalisten Mordanschlägen zum Opfer. Cosimo Cristina, Korrespondent von *L'Ora* aus Termini Imerese, wurde 1960 getötet. Er hatte von den Beziehungen der Bosse zu den »über jeden Verdacht Erhabenen«, den Geschäftsleuten und Beamten, berichtet. Mauro De Mauro, gleichfalls ein Reporter von *L'Ora*, wurde am 16. September 1970 entführt. Der dritte, Giovanni Spampinato, wurde am 27. Oktober 1972 ermordet. Er war Korrespondent von *L'Ora* in Ragusa und Faschisten auf der Spur, die mit der Mafia im Osten Siziliens gemeinsame Sache machten. Der vierte war Giuseppe Impastato von *Radio Aut* in Cinisi; seine Leiche wurde an der Eisenbahnstrecke Palermo–Trapani gefunden. In seinem Radiosender hatte er tagtäglich den übermächtigen Tano Badalamenti angegriffen. Das fünfte Mafiaopfer war Mario Francese, ein herausragender Reporter des *Giornale di Sicilia*, der seine Nase in die Skandale im Zusammenhang mit dem Bau des Garcia-Staudamms gesteckt hatte; sein Tod wurde von Totò Riina auf den 26. Januar 1979 festgesetzt. Giuseppe Fava wurde am 5. Januar 1984 von Auftragskillern des Santapaola-Clans ermordet. Mauro Rostagno musste am 26. September 1988 sterben; der Direktor von *Rtc*, einem kleinen Fernsehsender in Trapani, hatte über die dunkelsten Geheimnisse der sizilianischen Mafia und ihre Beziehungen zur Politik berichtet. Beppe Alfano, Korrespondent der Tageszeitung *La Sicilia* aus Barcellona Pozzo di Gotto in der Provinz Messina, wurde am 8. Januar 1993 getötet. Auch er hatte sich zu sehr für die Verflechtungen zwischen Mafia und Politik interessiert.

Ich habe angefangen, mit der Fernsehkamera zu den Leuten zu gehen, um sie zum Sprechen zu bringen. Ich habe einen Riesenkrach geschlagen mit Berichten über das Wasser (das knapp und verunreinigt ist), über den Müll (die stinkenden Städte, die zwielichtigen Geschäfte der städtischen Müllabfuhr) [...]. Ich habe mich entschieden, nicht hinter einem Schreibtisch sitzend Fernsehen zu machen, sondern mich mit einem Mikrofon in der Hand unter die Leute zu mischen. Und in Trapani ist bereits das ein Affront gegen die Mafia. Die wahre Revolution findet hier in Trapani statt [...]. Ich sehe keinen Zusammenhang mehr zum Marxismus. Und der Kampf gegen die Mafia ist heute genauso notwendig wie damals: Es geht um die Freude am Leben. Ah, Renato, wie schnell das Leben vergeht und wie langsam. Jetzt lese ich wie besessen ganz andere Bücher als früher. Bücher über den Maxi-Prozess, über die Mafia. Vor allem aber lese ich Anklageschriften. Ich versuche zu verstehen, zu rekonstruieren, zu entziffern. Cosa Nostra, die Kommissionen, die Ehrenmänner, die Geschäfte, die Vergabe öffentlicher Aufträge und die Schmiergeldzahlungen [...].

Mauro Rostagno in einem Brief an den Gründer der Roten Brigaden, Renato Curcio

Hinzu kommt die lange Liste von Journalisten und Schriftstellern, die bedroht werden. Einige sind gezwungen, unter Polizeischutz zu leben, wie Roberto Saviano, der uns die casalesische Camorra nahegebracht hat. Oder wie der Sizilianer Lirio Abbate. Saviano erhielt Morddrohungen, unter Abbates Wagen wurde ein primitiver Sprengkörper entdeckt. Doch das sind nur zwei prominente Beispiele, die es auf die Titelseiten der Zeitungen geschafft haben. Der Fall Saviano gab Anlass zu heftigen Polemiken. Manche sind der Ansicht, um den Autor von *Gomorrha* (Dt. 2007: *Gomorrha. Reise in das Reich der Camorra*) werde viel zu viel Wirbel gemacht.

Es ist ein schwieriges Problem. Wer bedroht und anschließend isoliert wird, muss auf jeden Fall geschützt werden. Dann bedarf es der Solidarität aller, die den Bedrohten wie ein Sicherheitsnetz oder ein Schutzschild umgibt. Das Opfer von Einschüchterungen darf nicht alleingelassen werden – das ist die einzig mögliche Antwort auf die Mafia.

Etwas anderes ist die Frage, wie ein von der Mafia bedrohter Journalist auf diese Bedrohung reagiert – oder wie andere gegen seinen Willen daraus Kapital schlagen. Einige, wie Roberto Saviano, sind nach den Drohungen populär oder sogar weltberühmt geworden. Anderen ist es gelungen, sich im Hintergrund zu halten und in aller Stille weiterzuarbeiten. Das kann eine persönliche Entscheidung sein, in jedem Fall aber lässt sich von außen schwer sagen, was richtig oder falsch ist. Es hängt von den jeweiligen Umständen ab und von der Wahrnehmung, den Grundsätzen und Zielen des Betroffenen.

Über dieses Thema zu sprechen und sich dabei immer nur auf andere zu beziehen ist so schwierig, dass ich es vorziehe, von meinen eigenen Erfahrungen zu erzählen: meinen Erfahrungen der letzten fünfundzwanzig Jahre, in denen ich aus Palermo über die Mafia berichtet habe.

Anonyme Briefen, einschüchternde Anrufe oder laut herausgeschriene Drohungen machten mir selten Angst. (Meist hielt ich es nicht für notwendig, Strafanzeige zu erstatten; das emp-

fand ich stets als die Sache derer, die wir in Sizilien als »inca-
gliacani« bezeichnen, »Hundefänger« – Leute von geringem
Wert.) Angst, große Angst jedoch hatte ich vor einer anderen
Botschaft der Mafia, die sehr viel raffinierter, heimtückischer
und weniger leicht durchschaubar ist.

Einmal bestand der Anwalt und *consigliori* (Berater) einiger
Bosse darauf, mir einen Kaffee auszugeben, und kam dann mit
einem Lächeln auf den Lippen auf einen Artikel von mir zu sprechen, der drei, vier Monate zuvor erschienen war und der seinem Mandanten, einem der bekanntesten Drogenhändler Siziliens, »nicht gefallen« hatte. Lächelnd erzählte er mir in immer
eindringlicheren Details von der Verärgerung seines Mandanten. Damals habe ich gezittert. Ein anderes Mal ließ man mich
im Gespräch beiläufig wissen, was ich an einem bestimmten
Tag zu einer bestimmten Uhrzeit gemacht und mit wem ich
mich getroffen hatte: Man hatte mich observiert. Ich hatte große Angst – wie jedes Mal, wenn die Signale nicht direkt von den
Bossen kamen, sondern mich auf beunruhigenden Umwegen
erreichten: aus den Apparaten und aus zweifelhaften Ermittler-
kreisen.

Die größte Angst aber – und ich glaube, das gilt für alle Journalisten, die über die Mafia berichten – erwächst aus der Einsamkeit. Das Gefühl der Einsamkeit ist am schlimmsten. Wer
allein auf weiter Flur steht oder nur wenige Mitstreiter an seiner
Seite hat, der ist extrem gefährdet. Er geht das größte Risiko ein.

Jede Bedrohung hat ihre Geschichte, ihr ermutigendes oder
entmutigendes Drumherum. Anfang 2010 erhielten fünf kalabrische Journalisten binnen weniger Wochen Warnungen der
'Ndrangheta. Ihre Autos wurden in Brand gesteckt, sie bekamen
Umschläge mit Patronenhülsen, anonyme Briefe. Die überre-
gionale Presse – mit Ausnahme von *La Repubblica*, *Il fatto quo-
tidiano* und *Il manifesto* – ignorierte die Nachricht. In Reggio
Calabria und in der Ebene von Gioia Tauro brach eine regelrechte kriminelle Kampagne zur Unterdrückung der Berichterstattung los: Die Bosse wollten nicht, dass man über sie spricht.

Doch trotz dieser Einschüchterungen, trotz der Strategie der Spannung, die die 'Ndrangheta in jenen Monaten verfolgte, wurde der Fall der fünf bedrohten Journalisten kaum öffentlich bekannt.

Die namenlosen Journalisten, die unbekannten Reporter, die in Sizilien, Kalabrien und Kampanien arbeiten, führen einen täglichen Krieg, von dem kaum jemand etwas weiß. Sie bilden ein Heer ohne Waffen, das eingekreist und umzingelt ist.

Den Vormittag des 22. Februar verbrachte ich mit Giuseppe Baldessarro, wir verabschiedeten uns kurz vor Mittag. Später erfuhr ich, was dann passierte. Giuseppe Baldessarro ist Journalist wie ich. Als politischer Korrespondent hat er diesem Haufen Banditen, die sich an den Futtertrögen der Steuergelder gütlich tun – oft dank der Wahlunterstützung durch die eigene Klientel und die 'Ndrangheta –, schon einigen Ärger bereitet.

Er landete den Knüller über die Stellenbesetzungen im kalabrischen Regionalrat: das Gesetz, dem zufolge die Mitarbeiter der Regionalräte für besondere Aufgaben auf unbefristete Zeit eingestellt werden. Diese Mitarbeiter werden von den Regionalräten direkt bestimmt und sind fast durchweg Freunde und Verwandte.

Vor zwei Tagen hat uns Baldessarro erzählt, wie ein Pfarrer, ein Kommunalrat und zwei Mafiosi zwischen den Regionalwahlen 2005 und den Kommunalwahlen 2007 ein politisches Strategiekonzept austüftelten.

Zwei Tage in Folge berichtete er ausführlicher als alle anderen Zeitungen darüber. Und die Reaktion? Eigentlich hätte die Hölle losbrechen müssen, aber nichts geschah. Es herrschte Schweigen.

Baldessarro war auch der Einzige, der den ehemaligen Europaabgeordneten der UDEUR, Armando Veneto, öffentlich anprangerte. Der Anwalt soll Leuten, die dem Clan der Pesce-Bellocco aus Rosarno nahestanden oder angehörten, ausgeklügelte Verteidigungsstrategien empfohlen haben, um Vergünstigungen – Strafaufschub oder Haftentlassung – zu erhalten. Diese Ratschläge hatte er nur aufgrund seiner intimen Kenntnis der Rotationsverfahren bei den Haftrich-

tern und den Richtern am Strafvollstreckungsgericht erteilen
können. Veneto war schon ein paar Jahre zuvor in die Schlag-
zeilen geraten, als er die Grabrede für den Boss Gioacchino
Piromalli senior gehalten hatte.

Nur: Wenn du wirklich einen Scoop, eine exklusive Meldung,
landest, passiert in dieser tauben Stadt – gar nichts. Du
bleibst isoliert. Dein Ruf verhallt im leeren Raum. Du hörst
das Echo und danach das bedrückende Geräusch der Stille.

Doch Giuseppe Baldessarros Berichte waren den Mafiagruppen, der Politik und gewissen Freimaurerkreisen schon
immer ein Dorn im Auge.

Deshalb schickte man ihm den Brief mit den Gewehr-
patronen, dazu die Warnung: »Bis hierher und nicht weiter.«
Eine deutliche Botschaft. Klar und unmissverständlich.

Was Michele Albanese und Angela Corica passiert ist,
gestern Filippo Maria Cutrupi und mir selbst und heute
Peppe Baldessarro sehe ich als ein Zeichen dafür, dass etwas
im Gange ist.

Ihr erkennt es nicht, ich schon.

Die derzeitigen Einschüchterungen markieren einen tiefen
Graben. Sie zeigen eine Schranke auf, eine Grenze, eine
Sperre. Es ist eine Grenzziehung gegenüber uns, gegenüber
der Berichterstattung über diese Region. Mit einer Bombe
vor der Generalstaatsanwaltschaft wurde diese Grenze auch
den Richtern und Staatsanwälten von Reggio Calabria auf-
gezeigt.

Die Botschaft richtet sich an alle.

Doch wer diese Linie überschreitet, kämpft nicht allein,
sondern gemeinsam mit anderen zur Verteidigung von
unser aller Würde. Wer diese Linie überschreitet, ist weder
draufgängerisch noch gewissenlos.

Wer diese Linie überschreitet, sagt laut und deutlich, auf
welcher Seite er steht.

Aus Antonino Monteleones Blog, Reggio Calabria,
23. Februar 2010

Als Korrespondent einer großen Zeitung ist es nicht weiter
schwer, an einen Ort zu fahren, eine Mafiageschichte zu erzählen und am nächsten Tag wieder abzureisen. Etwas völlig anderes ist es, tagtäglich aus der sizilianischen, kalabrischen oder

kampanischen Provinz zu berichten: über den korrupten Bürgermeister, über den Mafioso gleich nebenan, über diesen Killer oder jenen Drogenschmuggler, mit dem man als Kind die Schulbank gedrückt hat, über den raffgierigen oder mafiosen Politiker, der der Freund deiner Verwandten, der Schwager deiner Mutter oder der Cousin deines Cousins ist. Und das alles für eine Handvoll Euro. Diese namenlosen Reporter werden pro Artikel bezahlt, und ihnen kann jederzeit unter irgendeinem Vorwand gekündigt werden. Das ist die Situation in den kleinen Städten Süditaliens. Man braucht Mut, viel Mut, um anständigen Journalismus zu machen. Diese jungen Reporter haben oft Schwierigkeiten mit ihren Chefredakteuren und Herausgebern. Aber auch mit ihren Kollegen, die sie als fanatisch und unvorsichtig betrachten. Die Journalisten an der Zeitungsfront Süditaliens lassen sich in zwei Kategorien einteilen: die »Vorsichtigen« und die »Unvorsichtigen«. Apropos unvorsichtig: Vielleicht ist in diesem Zusammenhang eine Geschichte aufschlussreich, die mir vor zweiundzwanzig Jahren widerfahren, aber doch von allgemeinem Interesse ist, wenn man bedenkt, was zu der Zeit in Sizilien los war.

Am 16. März 1988 wurden in Palermo der Journalist Saverio Lodato von der Zeitung *L'Unità* und ich verhaftet und sieben Tage lang in einem Hochsicherheitsgefängnis festgehalten. Auch wir waren unvorsichtig gewesen. Die Anklage lautete auf »Beihilfe zur Unterschlagung im Amt«.

Wir hatten in unseren Zeitungen *La Repubblica* und *L'Unità* die Enthüllungen Antonino Calderones über die Beziehungen zwischen Mafia und Politik, Geheimdiensten und Großunternehmern veröffentlicht. Laut Anklage waren die Fotokopien dieser Aussageprotokolle Eigentum des Staates, das wir uns widerrechtlich angeeignet hätten. Darauf gründete sich der Vorwurf der Beihilfe zur Unterschlagung im Amt. Den Haftbefehl hatte Salvatore Curti Giardina unterschrieben, der Leitende Oberstaatsanwalt von Palermo, der in dieser Stadt bis dahin nicht einmal gegen einen Hühnerdieb einen Haftbefehl ausgestellt hatte. Jetzt konstruierte er diese bizarre Tathypothese. Mit dem Vorwurf der »Beihilfe zur Unterschlagung im Amt« jedenfalls konnte er unsere Festnahme begründen. Mit dem Straftatbestand der »Verletzung des strafprozessualen Untersuchungsgeheimnisses« hätte er uns auf freien Fuß lassen müssen. Der Unterschlagung im Amt habe sich der – unbekannt gebliebene – Beamte schuldig gemacht, der uns die Dokumente zugespielt hatte; wir hätten uns der Beihilfe schuldig gemacht. Der Vorwurf der Unterschlagung im Amt zielte auch darauf ab, uns zu diskreditieren. Eine solche Anklage ruft bei der unachtsamen Öffentlichkeit sofort die Vorstellung von Korruption und Schmiergeld wach. Und in solche Machenschaften wären ausgerechnet zwei Journalisten verwickelt, die der »Antimafia« nahestanden, wie man damals mit einer gewissen Geringschätzung sagte.

> Die Anklage lautet auf eine Straftat nach Artikel 81, Absatz 1, Artikel 110 und Artikel 326 des Strafgesetzbuches in Tateinheit mit Unbekannten bei wiederholt ausgeführter Handlung in ein und derselben kriminellen Absicht. Es geht um die Veröffentlichung von Aussagen Antonino Calderones vor dem Untersuchungsrichter von Palermo, die dem Untersuchungsgeheimnis unterlagen [...]. Angesichts auch der Gemeingefährlichkeit der Angeklagten, die sich aus der extremen Schwere der Tatbestände hinsichtlich der Notwendigkeit zum Schutz der Allgemeinheit ergibt, ordnen wir die Festnahme der genannten Beschuldigten an, die in eine Haftanstalt überführt und dort zu unserer Verfügung stehen sollen.
>
> *Salvatore Curti Giardina, Staatsanwalt von Palermo,*
> *16. März 1988*

Der Staatsanwalt – derselbe, der ein paar Jahre zuvor als Vorsitzender des Schwurgerichts die Mörder des Carabinieri-Hauptmanns Emanuele Basile wegen »zu vieler Indizien« zu Lasten der Angeklagten freigesprochen hatte – wollte uns ins Gefängnis stecken. Er wollte uns einsperren. Nachdem wir die Namen von Salvo Lima, dem mächtigsten Mann von Sizilien, und von Minister Aristide Gunnella im Zusammenhang mit der Mafia genannt hatten, verbrachten wir am 16. März 1988 die erste Nacht unseres Lebens in einer Gefängniszelle: in der Haftanstalt von Termini Imerese.

Gegen die Staatsanwaltschaft machten die Juristen der Magistratura democratica mobil, der linken Strömung innerhalb des Verbands der Richter und Staatsanwälte. Seinen Unmut über unsere Verhaftung bekundete auch Justizminister Giuliano Vassalli. Untersuchungsrichter Falcone verteidigte uns in einem Interview, und der Vorsitzende des parlamentarischen Antimafia-Ausschusses, Gerardo Chiaromonte, besuchte uns im Gefängnis.

Unser Fall kam vor das Haftprüfungsgericht, und nach einem regelrechten Eiertanz (um es sich mit niemandem zu verderben und weder die Staatsanwaltschaft komplett ins Unrecht zu setzen noch in einen sich zunehmend verschärfenden Streit hineingezogen zu werden) wurden wir schließlich auf freien Fuß gesetzt. Ein Jahr nach unserer Verhaftung sprach uns ein Ermittlungsrichter definitiv von der Anklage wegen Beihilfe zur Unterschlagung im Amt frei.

Wenige Wochen vor meiner Verhaftung hatte ich Curti Giardina aufgesucht, um Informationen zu laufenden Ermittlungen einzuholen. Noch heute, zwanzig Jahre später, erinnere ich mich an seine Worte: »Journalisten wie Sie sind fast so etwas wie Schnüffler.«

Es gibt viele Möglichkeiten, Journalisten, die über die Mafia schreiben, zum Schweigen zu bringen. Und nicht immer geht die Bedrohung von den Bossen aus. Manchmal erledigen auch andere die »Drecksarbeit«.

92. Haben Fernsehserien wie *La Piovra* (*Allein gegen die Mafia*) mehr der Mafia oder mehr dem Ansehen Italiens geschadet?

Wenn im Fernsehen oder im Kino Mafiafilme gezeigt werden, liegen in Italien bei einigen Leuten die Nerven blank. Ihre Sorge gilt mehr dem »guten Ruf« Italiens als dem, was den Italienern durch ihre Mafia angetan wird. Die Heuchelei ist ungeheuerlich. Jeder Roman und jeder Film dieses Genres löst bei diesen Leuten einen konditionierten Reflex aus.

Alles begann mit *La Piovra*. 1984 drehte der Regisseur Damiano Damiani die erste Staffel der Serie mit einem brillanten Michele Placido als Kommissar Corrado Cattani. *La Piovra* brachte erstmals die mafiosen Machenschaften auf die Fernsehschirme: Finanzdelikte, blutige Morde, Geld. Eine fiktive Handlung, die jedoch der Realität sehr nahe kam und die Italiener in ihren Bann zog. Die Serie erreichte durchschnittlich fünfzehn, manche Folgen sogar siebzehn Millionen Zuschauer. Die Serie wurde in achtzig weiteren Ländern ausgestrahlt.

2001 kam die zehnte Staffel heraus. Jahr für Jahr brach der Streit jedes Mal von neuem los. Einige lehnten die Fernsehserie als pädagogisch unklug und politisch tendenziös ab. Bevor *Piovra 10* über die Bildschirme flimmerte, erklärte der Schauspieler Remo Girone (in der Serie spielte er den Bankier Tano Cariddi den »Schrecklichen«, eine Marionette der Cosa Nostra): »Diese *Piovra* hebt die großen Verdienste der Richter und Staatsanwälte im Kampf gegen die Mafia hervor und zeigt, wie ungerecht die Anfeindungen und Aggressionen von Politikern, Fernsehkanälen und Zeitungen sind. Nach Freisprüchen in einigen wichtigen Prozessen gerieten die Richter und Staatsanwälte unter Beschuss. *La Piovra 10* lässt ihnen Gerechtigkeit widerfahren.« Nach dieser Ankündigung eskalierte der Konflikt. Die Gefahr war groß, dass *Piovra 10* im italienischen Fernsehen nicht ausgestrahlt würde. Italien stand mitten im Wahlkampf, und es hieß, der Film werde die Wähler manipulieren; es sei daher besser, das Thema gar nicht erst anzusprechen. Für viele war das

Problem nicht die Mafia an sich, sondern ihre Sichtbarkeit aufgrund ihrer Beziehungen zur Politik, zur Wirtschaft und zu korrupten Teilen der Staatsmacht.

> Fernsehserien wie *La Piovra* haben ein negatives Bild unseres Landes im Ausland vermittelt. Hoffen wir, dass dies nie wieder geschieht.
>
> *Silvio Berlusconi, 1994*

> Wir haben die schlechte Angewohnheit, Filme über die Mafia zu machen, die dieses negative Bild unseres Landes in der ganzen Welt verbreiten. Ich hoffe, dass diese Mode jetzt vorbei ist.
>
> *Silvio Berlusconi, 2010*

93. Liefert das Kino ein Spiegelbild der Mafia oder hat es sie inspiriert?

Anfangs hat das Kino die Mafia beschrieben, wie sie war. Doch die Geschichten, die das Kino erzählte, waren bald so gut, dass regelrechte Mafia-Vorbilder entstanden.

Der erste Mafiafilm stammt aus dem Jahr 1949 und trägt den Titel *In nome della legge* (*Im Namen des Gesetzes*); Regisseur war Pietro Germi. Seine Vorlage, der Roman *Piccola pretura* von Giuseppe Guido Lo Schiavo, erzählt von einem jungen Staatsanwalt aus dem Norden, der in eine sizilianische Kleinstadt kommt, mit einem der Honoratioren in Konflikt gerät und die *omertà*, das Gesetz des Schweigens, kennenlernt. *In nome della legge* hatte außergewöhnlich großen Erfolg. Die Kinokarte kostete damals 90 Lire, der Film spielte 401 Millionen Lire ein. Damals etablierte sich zwischen dem mafiosen Sizilien und dem Kino eine Beziehung, die bis heute anhält.

1961 kam *Salvatore Giuliano* (*Wer erschoss Salvatore G.?*) von Francesco Rosi in die Kinos, die Geschichte des Banditen aus Montelepre. Ein gelungener Film. Doch nach der Premiere im Kino Politeama in Palermo waren viele Sizilianer enttäuscht: Sie hatten ein Porträt Salvatore Giulianos als eine Art Robin Hood erwartet, der sich auf die Seite der armen Bauern in den Hügeln von Sagana stellt. Rosi jedoch zeichnete ein realistisches Bild Giulianos als einer Marionette der Bosse von Monreale.

> Giuliano war nicht mehr und nicht weniger als ein Killer der Mafia. Als er sich in seinem Größenwahn gegen die Mafia stellte, wurde er beseitigt. Rosi hatte ästhetisch und politisch den Mut, die traurige und schändliche Geschichte Giulianos im Film zu verarbeiten. Sagen wir es gleich vorneweg: Rosis Film macht dem italienischen Kino alle Ehre. Ich kenne heute kein Land, in dem vergleichbar aktuelle und brisante Verhältnisse mit einem so unerschrockenen Willen zur Wahrheit behandelt werden [...].
> So erklärt sich auch, warum Rosi Salvatore Giuliano nicht zur Hauptfigur gemacht hat; er tritt nur am Rande in Erscheinung, als Anführer in weißem Mantel oder als Leichnam zwischen Eisblöcken wie ein blutender Thunfisch nach dem Fang.
>
> *Alberto Moravia, L'Espresso, 4. März 1962*

1962 spielte Alberto Sordi den *Mafioso* im gleichnamigen Film von Alberto Lattuada. 1968 kam *Il giorno della civetta* (*Der Tag der Eule*) nach dem Roman von Leonardo Sciascia in der Regie von Damiano Damiani in die Kinos. Der Film wurde auf dem Marktplatz von Partinico mit Franco Nero und Claudia Cardinale gedreht. 1970 hatte *Il sasso in bocca* (*Stein im Mund*) von Giuseppe Ferrara großen Erfolg. 1972 entstand *Der Pate* von Francis Ford Coppola, der erste einer dreiteiligen Reihe mit Marlon Brando, Al Pacino, James Caan, Robert Duvall und Diane Keaton nach dem gleichnamigen Roman von Mario Puzo. Stärker als alle anderen Filme hat *Der Pate* das Bild der Mafia im Kino geprägt. In vieler Hinsicht ambivalent – besonders in der romantisch verklärenden Darstellung der Familie des Paten, die den »Bösen« gegenübergestellt wird, denen, die keine »moralischen Werte« mehr kennen –, zeigt der Film vor allem die Sprache der Ehrenmänner, ihre Gestik und ihr Verhalten absolut realistisch. Auf die Frage nach seinen Lieblingsfilmen antwortete der amerikanische Präsident Obama: »Einer der besten Filmen, die ich je gesehen habe, ist sicherlich *Der Pate*.« In Palermo spielte *Der Pate*, Teil eins, in der Kinosaison 1972/73 rund 212 Millionen Lire ein.

1973 wurde in Italien auch ein fulminanter *Lucky Luciano* mit Gian Maria Volontè in der Titelrolle gezeigt. Regie führte erneut Francesco Rosi, der mit diesem Film ein großes Porträt des berüchtigten Mafiabosses zeichnete.

Ein paar Jahre später kamen Mafiafilme minderer Qualität in die italienischen Kinos, die nur ein billiger Abklatsch der großen Meisterwerke dieses Genres waren: zahllose Titel, fast alle schlecht gemachte Kopien. Das änderte sich erst wieder in den achtziger und neunziger Jahren mit *Goodfellas* (Dt.: *Good Fellas – Drei Jahrzehnte in der Mafia*) von Martin Scorsese und *Die Ehre der Prizzis* mit Jack Nicholson in der Hauptrolle. Von den italienischen Mafiafilmen aus jüngerer Zeit sind *Un eroe borghese* (*Der Fall Sindona*) erwähnenswert, der die Geschichte des ermordeten Mailänder Anwalts und Insolvenzverwalters Giorgio Ambrosoli erzählt, *I cento passi* über Giuseppe Impastato, aber auch *Gomorrha* von Matteo Garrone und *Il divo* von Paolo Sorrentino.

In exzentrischer Weise von der sizilianischen Mafia erzählt *Johnny Stecchino,* eine Verwechslungskomödie von und mit Roberto Benigni. Der Film entstand 1991, ein Jahr vor den Anschlägen von Capaci und in der Via D'Amelio. Die Mafiosi in diesem Film sprechen von den »Dramen Siziliens«: dem Verkehr, der Dürre, dem Ätna. Man glaubt, sizilianische Honoratioren reden zu hören oder Journalisten, die besonders »gebildet« von den Geschehnissen in Palermo berichten.

Mit der Cosa Nostra beschäftigt sich auch ein ausgesprochen unterhaltsames Musical, *Tano da morire,* in der Regie von Roberta Torre, das den Mythos Mafia im Rhythmus des Rap entweiht. Der Film wurde 1997 in Palermo gedreht. Die Mafia lässt sich hier zwar veralbern, kassierte aber Schutzgeld für die Aufnahmen im palermitanischen Viertel Vucciria: nach Angaben des *pentito* Marcello Fava dreißig Millionen Lire.

94. Die Mafia: auf der Leinwand – und auch am Set?

1989 wurde der Komiker Franco Franchi vom Ermittlungsrichter Falcone wegen Zugehörigkeit zur Mafia angeklagt. Franchi, im palermitanischen Viertel Vucciria geboren, war bei den
privaten Festen der Bosse zu Gast. Der Mafiaaussteiger Antonino Calderone hatte ausgesagt, der äußerst populäre »Ciccio« sei
ein Mitglied der Familie von Santa Maria del Gesù und eng mit
Stefano Bontate verbunden. Ein Jahr später jedoch stellte der
reumütige Mafioso Francesco Marino Mannoia, selbst ein Mitglied dieser Familie, klar: »Er ist kein Ehrenmann, auch wenn er
Anfang 1976 nah dran war.« Franco Franchi, gegen den wegen
Mitgliedschaft in einer mafiosen Vereinigung Ermittlungen liefen, wurde von allen Vorwürfen entlastet.

Ein paar Jahre zuvor, 1981, war der Schauspieler zusammen
mit Barbara Bouchet und Giorgio Castellani in dem Film *Crema,
cioccolata e paprika* aufgetreten. Hinter dem Pseudonym Giorgio Castellani verbirgt sich Giuseppe Greco, der Sohn Michele
Grecos, des »Papstes« der Mafia von Ciaculli. Er arbeitete bereits
als Regisseur, als er Ende der achtziger Jahre festgenommen und
wegen Mitgliedschaft in einer mafiaartigen Vereinigung zu vier
Jahren Haft verurteilt wurde. Vom Obersten Gerichtshof Italiens
wurde Castellani-Greco freigesprochen und begann sofort mit
den Dreharbeiten zu einem neuen Film, *I Grimaldi*, in dem er die
Geschichte seiner Familie erzählt. Der Plot ist schlicht: Ein alters-
weiser Mann (die Ähnlichkeit mit dem Vater des Regisseurs ist
unübersehbar), der mit dem alten Ehrenkodex aufgewachsen ist,
wird von einer Drogenhändlerbande angegriffen, kann sie aber
besiegen. In dem ganzen Film kommt kein einziges Mal das
Wort *Mafia* vor. Es ist lediglich von »Selbstjustiz« die Rede und
von dem Guten, das zuletzt über das Böse triumphiert.

Ich werde ihm ein Angebot machen, das er nicht ablehnen
kann.
Don Vito Corleone in Der Pate

Die spektakulärsten Verknüpfungen zwischen Mafia und Kino gab es freilich in Hollywood, in den goldenen Jahren des Kinos. Nancy Sinatra, die Tochter des weltberühmten Sängers und Schauspielers, machte nie einen Hehl daraus, dass sie »diese Leute« als Kind aus nächster Nähe kennenlernte. Die amerikanische Antidrogenbehörde und das FBI hatten Frank Sinatra wiederholt wegen seiner heiklen Kontakte insbesondere zu Lucky Luciano im Visier. Er pflegte seit Ende der dreißiger Jahre eine enge Beziehung zu dem reichsten Drogenboss Amerikas, wohl vor allem wegen der gemeinsamen Herkunft: Wie Sinatras Großeltern stammte auch Lucky Luciano aus dem sizilianischen Dorf Lercara Friddi. Legendär waren die rauschenden Feste der sizilianisch-amerikanischen Mafia in Las Vegas, an denen auch Sinatra teilnahm. Oder in Kuba, wo die Mafia mit Rum und Mojitos Orgien feierte und ihre Gipfeltreffen abhielt, zum Beispiel im Dezember 1946 im Hotel Nacional von Havanna.

Die Cosa Nostra hatte ein Hauptquartier im Kuba Fulgencio Batistas und betrachtete die Insel als ihren Hinterhof. Im Hotel Nacional ging die Crème de la crème der Mafia ein und aus: Albert Anastasia, Frank Costello, Joe Adonis, Vito Genovese, Tom Lucchese, Tony Accardi, Santo Trafficante und Meyer Lansky.

Laut FBI war Frank Sinatra »Eigentum der Mafia«; immer wieder hätten ihm »Freunde unter die Arme gegriffen«, heißt es in den Akten. Wenn seine Karriere ins Stocken geriet, wurde sie von einer unsichtbaren Hand wieder in Schwung gebracht. Francis Ford Coppolas Film *Der Pate* enthält mehrfach Anspielungen auf Sinatra und seine Freundschaft zu Mafiosi, die ihm Gefälligkeiten erwiesen. Am bekanntesten ist die Szene mit dem abgeschnittenen Pferdekopf im Bett des Produzenten. Dieser verweigert Johnny Fontane – die Figur ist Frank Sinatra nachempfunden – die Hauptrolle in einem Kriegsfilm, mit der er sich in Hollywood durchsetzen will. Am Ende bekommt Johnny Fontane seine Rolle.

VI Mafien

95. Wie entstand die amerikanische Cosa Nostra?

Zunächst war sie nur ein Ableger der sizilianischen Cosa Nostra, der dann aber selbständig wurde und sich schließlich zu einer unabhängigen kriminellen Organisation entwickelte.

Die Anfänge der Mafia in den Vereinigten Staaten reichen in die siebziger Jahre des 19. Jahrhunderts zurück, als die ersten *uomini di rispetto* (»Respektspersonen«) dort ankamen: die Palermitaner Vito Cascio Ferro und Ignazio Lupo; Giuseppe Morello aus Corleone; Giuseppe Fontana aus Villabate, einer der beiden Mörder Emanuele Notarbartolos. Sie alle stammten aus der Provinz Palermo, und sie alle handelten – offiziell – mit Zitrusfrüchten.

Um 1920 schwappte die zweite mafiose Einwanderungswelle nach Amerika. Mir ihr kamen Giuseppe Bonventre, Giuseppe Bonanno, Stefano und Antonio Magaddino, Joe Profaci und Carlo Gambino, der wenige Jahre später zum Boss der Bosse (*capo dei capi*) der fünf »großen Familien« New Yorks wurde. Sie alle stammten aus dem Küstenstreifen zwischen Palermo und Trapani, die meisten aus Castellammare del Golfo.

Die Mafiosi aus Castellammare waren die eigentliche Keimzelle der amerikanischen Cosa Nostra. Jenseits des Atlantiks begegneten sie anderen Sizilianern, die wie Vito Genovese und Lucky Luciano in den Vereinigten Staaten geboren waren oder seit ihrer frühen Kindheit dort lebten.

Sie alle ließen sich in Little Italy nieder, wo sie mehr als dreißig Jahre lang als Mafiosi unbehelligt lebten. Erst spät erkannten die amerikanische Antidrogenbehörde und das FBI, wie gefährlich sie tatsächlich waren. Bis 1957 blieben sie unsichtbar und konnten ungestört mit Drogen handeln. Am 11. November erstürmte das FBI ein Haus in Appalachin im Bundesstaat New York, wo sich die Bosse zu einem Gipfeltreffen versammelt hatten. Einen Monat zuvor hatten sich die amerikanischen und sizilianischen Bosse im Hotel delle Palme in Palermo getroffen. Sie suchten nach einer Übereinkunft zur »Regulierung« des internationalen Drogenhandels. Bei der Razzia des FBI in Appalachin wurden vierundsechzig Mafiabosse verhaftet. In der amerikanischen Cosa Nostra rückte jetzt Carmine Galante an die Spitze, wegen seiner Vorliebe für dicke Havanna-Zigarren »Lillo the cigar« genannt. Auch er stammte aus Castellammare del Golfo.

Mit der dritten Einwanderungswelle von Mafiosi aus Sizilien 1964 strömten vor allem Leute aus den westlichen Vorstädten von Palermo in die Vereinigten Staaten: aus Passo di Rigano, aus dem Viertel Uditore, aus Cruillas und Bellolampo, aus den Ortschaften Torretta und Carini. Ganze Clans wanderten aus: die Familien Gambino, Inzerillo und Mannino, Castellano, Di Maggio und Di Maio. Sie schlossen sich ihren »Vettern« an, die bereits im New Yorker Stadtteil Cherry Hill eine neue Heimat gefunden hatten.

Diese Verbindung zwischen den palermitanischen Vorstädten und Cherry Hill trug fünfzehn Jahre später reiche Früchte. Die Mafiosi Palermos importierten tonnenweise Basismorphin aus Südostasien, das in Sizilien zu Heroin weiterverarbeitet und anschließend in New York verkauft wurde. Es war die finanziell erfolgreichste Zeit der sizilianischen und amerikanischen Cosa Nostra.

In den siebziger Jahren heuerten die palermitanischen Bosse Chemiker aus Marseille und Korsika zum »Kneten des Teigs« an. Später übernahmen dies die Ehrenmänner selbst. Einer von ihnen, Francesco Marino Mannoia, verarbeitete innerhalb von vierundzwanzig Monaten – zwischen Anfang 1978 und dem 2. Dezember 1980, dem Zeitpunkt seiner Verhaftung – sieben Doppelzentner Basismorphin, wie er als Kronzeuge der Justiz Ermittlungsrichter Falcone berichtete.

Das von Mannoia und den Familien Bontate und Inzerillo raffinierte Rauschgift wurde für fünfzigtausend Dollar pro Kilo an die Mafiafamilie Gambino weiterverkauft, die es wiederum für hundertdreißigtausend Dollar pro Kilo an ihre amerikanischen Verwandten auf Long Island weitergab. In diesen vierundzwanzig Monaten verdiente die sizilianische Mafia allein mit dem von Mannoia verarbeiteten Heroin zwischen dreißig und fünfunddreißig Millionen Dollar, die New Yorker Mafia zwischen achtzig und neunzig Millionen Dollar.

All dies war vor dem Mafiakrieg, in einer Zeit, als die Cosa Nostra nur ans Geld dachte.

Nach den drei großen Einwanderungswellen gab es keinen weiteren vergleichbar großen Zustrom der Mafia nach Amerika, doch der Weg dorthin blieb stets offen. Zwischen Sizilien und den Vereinigten Staaten gab es seit jeher einen regen Austausch von Mafiosi, und zwar in beide Richtungen.

Es war eine unehrenhafte Kapitulation. Nur durch die Fürsprache ihrer Verwandten aus Cherry Hill, der mächtigen Familie Gambino, konnten einige ihr Leben retten. Am Ende des Mafiakriegs der achtziger Jahre, nachdem die Corleoneser alle gegnerischen Gruppen ausgelöscht hatten – einundzwanzig Mitglieder allein der Familie Inzerillo –, schenkten Totò Riina und die Kommission ihnen ihr Leben: unter der Bedingung, dass sie nie mehr auf die Insel zurückkehrten. In Palermo nannte man sie »die Weggelaufenen« (*gli scappati*). Es wurde sogar ein Ehrenmann – Rosario Naimo – ernannt, der für die Einhaltung dieses Versprechens bürgen sollte. Fast zwanzig Jahre lang meldeten die *scappati* ihm jede Auslandsreise und jeden Wohnungswechsel. Sizilien jedoch war für sie tabu.

Zwischen 2002 und 2003 kehrten die *scappati* dann plötzlich massenhaft nach Palermo zurück. Sie bezogen Wohnung in denselben Vierteln und denselben Häusern, die sie verlassen hatten, um ihr Leben zu retten.

Ihre Rückkehr spaltete die damals noch untergetauchten großen Mafiabosse Palermos.

Salvatore Lo Piccolo befürwortete die Heimkehr der Inzerillo. Er hoffte, sie würden ihm helfen, jenes Bündnis zu schmieden, das ihn an die Spitze der Cosa Nostra bringen würde. Antonino Rotolo, ein Getreuer Totò Riinas, war dagegen. Er fürchtete ihre Rache und glaubte, die Inzerillo könnten sich ihre alte Macht zurückerobern. Wie üblich spielte Bernardo Provenzano, das damalige Oberhaupt der Cosa Nostra, ein doppeltes Spiel. Er bezog keine klare Position, schickte aber seine Leute nach New York, um mit den Verwandten der *scappati* Geschäfte zu machen.

Alle jedoch waren sich bewusst, dass die Rückkehr der Inzerillo für die sizilianischen Mafiosi die einmalige Gelegenheit bot, erneut in der internationalen Kriminalität eine Rolle zu spielen.

Jenseits des Atlantiks lebte damals Francesco Paolo Augusto Calì, genannt Franky Boy. Er war der Sohn eines Kleinhändlers aus dem volkstümlichen palermitanischen Viertel Ballarò und hatte dank der Familie Gambino in Amerika ein Vermögen gemacht. Mit Franky Boy vergaßen die Mafiosi aus Palermo ihre Angst und ihre Ressentiments, und sie stiegen erneut in den Drogenhandel ein. In den folgenden vier, fünf Jahren herrschte zwischen Palermo und New York ein reger Geschäftsverkehr, bis im Februar 2008 das FBI und die italienische Polizei hundert dieser Mafiosi verhafteten.

Man kann jedoch sicher sein, dass sie bald zurückkommen werden. Diesseits oder jenseits des Atlantiks. Sie kommen immer zurück.

La Repubblica, *8. Februar 2008*

96. Hat die Cosa Nostra international überhaupt noch eine Bedeutung?

Im Jahr 1986 fand in Palermo der Maxi-Prozess gegen die Cupola, die Führungsspitze der Cosa Nostra, statt. Im selben Jahr stellte der Staatsanwalt und spätere New Yorker Bürgermeister Rudolph Giuliani die Bosse der New Yorker Cosa Nostra vor Gericht. Es war ein Doppelschlag, eine gemeinsame Strategie, die den kriminellen Organisationen Siziliens und der Vereinigten Staaten erstmals eine schwere Niederlage zufügte. Ab 1992 dann überstürzten sich die Ereignisse. Nach den tödlichen Anschlägen auf Falcone und Borsellino wurde die sizilianische Mafia durch Polizei und Justiz in beispielloser Weise unter Druck gesetzt. Die Cosa Nostra schwimmt heute nicht mehr so im Geld, dass sie erneut lukrativ investieren könnte. Die sizilianische Mafia verliert zunehmend ihre Kontakte in Fernost und leidet unter der gnadenlosen Konkurrenz durch andere Mafiaorganisationen.

Nach wie vor jedoch kann sie zwar auf ihre historisch gewachsenen Verbindungen nach New Jersey zählen und verfügt weiterhin über Kontakte nach Kanada und Venezuela; auf globaler Ebene aber haben inzwischen andere Mafiaorganisationen die Führung übernommen. In Italien erkannten die 'Ndrangheta und die Camorra am schnellsten, wie man in einer globalisierten Welt am besten kriminelle Geschäfte macht, und haben sich frühzeitig mit ausländischen Mafiaorganisationen verbündet. Die Cosa Nostra hat schon seit vielen Jahren das Monopol für den Drogenhandel verloren.

97. Welche Mafia ist heute die mächtigste in Italien?

Die 'Ndrangheta. Sie hat sich in den staatlichen Institutionen eingenistet. Sie sitzt in den Geheimlogen. Sie hat die Politik infiltriert, rechts wie links. In manchen Fällen gibt es heute in Kalabrien zwischen der rein kriminellen und der politischen Macht gar keine Mittelsmänner mehr. Sie wird in Personalunion ausgeübt.

Die 'Ndrangheta ist ein archaischer Stammesclan und eine moderne Organisation zugleich. Sie stützt sich auf Familienverbände, die *'ndrine* oder Familien der regionalen Bosse (*capibastone),* und ist in den Dörfern Kalabriens fest verwurzelt, gleichzeitig aber international vernetzt. Sie beherrscht ihr Territorium und kontrolliert zugleich die südamerikanischen und afrikanischen Routen des Drogenhandels. Sie ist undurchdringlich. Nur sehr wenige Mitglieder der 'Ndrangheta, eher die kleinen Fische, sind zur Zusammenarbeit mit der Justiz bereit. Die *'ndrina* ist ein Familienzusammenschluss im wahrsten Sinn des Wortes: Kaum jemand übt Verrat und beschuldigt einen Bruder, Sohn oder Vater. Diese Struktur hat die 'Ndrangheta in den Jahren der polizeilichen Verfolgung entscheidend gestärkt. Nach den Attentaten der Cosa Nostra von 1992 war es die kalabrische Mafia, die das kriminelle System Italiens gerettet hat.

Fast fünfzig Jahre lang konnte sich die 'Ndrangheta ungestört entfalten. Der italienische Staat hat die Augen verschlossen und weggeschaut – auch als sie anfing, scharf zu schießen. Zum Beispiel 1989, als in Reggio Calabria Lodovico Ligato getötet wurde, der ehemalige Direktor der staatlichen Eisenbahnen; man betrachtete diesen Mord als eine interne Abrechnung. Oder 1991, als Antonino Scopelliti, Oberstaatsanwalt am Kassationsgericht, exekutiert wurde. Man hielt den Mord für einen Anschlag der sizilianischen Mafia. Scopelliti war im Maxi-Prozess gegen die Cosa Nostra der Vertreter der Anklage beim Obersten Gerichtshof gewesen.

Erst im Oktober 2005 wurde die 'Ndrangheta zum Problem, als in Locri Francesco Fortugno ermordet wurde, der Vizepräsident des kalabrischen Regionalrats. Mit dem Blutbad von Duisburg, bei dem in der Nacht zum 15. August 2007 vor dem Restaurant Da Bruno sechs Kalabresen exekutiert wurden, beging die 'Ndrangheta einen weiteren Fehler. Erst von diesem Augenblick an wurde sich der Staat der Gefährlichkeit der kalabrischen Mafia bewusst und begann eine langfristige Strategie zu entwickeln. Der Innenminister schickte seine besten Leute nach Reggio Calabria, ebenso das Carabinieri-Corps und die Finanzpolizei. Die Justizbehörde wurde neu organisiert. An die Spitze der Staatsanwaltschaft wurden prominente Juristen wie Giuseppe Pignatone und Michele Prestipino berufen, Ermittler, die auf die organisierte Kriminalität in Sizilien spezialisiert waren. Der Kampf gegen die 'Ndrangheta begann mit dreißigjähriger Verspätung, aber heute kann man wenigstens sagen, dass er begonnen hat. Und es kamen auch die ersten Signale von den kalabrischen Bossen: demonstrative Attentate, nicht explodierte Sprengkörper, die Bedrohung einzelner Staatsanwälte. Die 'Ndrangheta signalisiert damit, dass sie ihre Macht nicht verlieren möchte, dass sie keine allzu gründlichen Ermittlungen wünscht und nicht vor Gericht gestellt werden will. Schlimme Botschaften. Das heutige Kalabrien ähnelt dem Sizilien Ende der siebziger Jahre. Es ist ein gefährlicher Brennpunkt, und es weht ein giftiger und gefährlicher Wind, der »prominente Leichen« (*cadaveri eccellenti*) ankündigt, wie damals in Palermo. Krieg liegt in der Luft.

> Von San Luca nach Duisburg. Es sind kriminelle Moleküle, die auseinanderspritzen und sich in der Welt verbreiten. Eine Mafia im verflüssigten Zustand, die sich überall einnistet und an Orten weit entfernt von ihrem Ursprung das alte, elementare und effiziente Organisationsmodell reproduziert. Sie ist aufgebaut wie das Terrornetzwerk al-Qaida, mit einer Tentakelstruktur ohne strategische Führung, aber mit einer organischen Intelligenz und begabt mit einer sozialen Vernunft von enormer, erschreckender Zuverlässigkeit. Darin liegt das Geheimnis der 'Ndrangheta. Alles vollzieht sich in der Spannung zwischen einem fernen, ländlichen und archaischen Hier und einem globalisierten, postmodernen und technologischen Dort.
> *Aus dem Bericht des Vorsitzenden des parlamentarischen Antimafia-Ausschusses, Francesco Forgione, 19. Februar 2008*

Hundertdreiundvierzig Gruppen (*cosche*) haben eine ganze Region, viele ihrer Gemeinden, Verwaltungen und lokalen Gesundheitsdienste, Häfen und Küsten untereinander aufgeteilt.

Ganz Kalabrien wird von der 'Ndrangheta »kontrolliert«: Taurianova, Palmi, Locri, Reggio, Rosarno, Villa San Giovanni, Lamezia Terme. Die Autobahn Salerno-Reggio ist das längste Corpus delicti der Welt: An jedem Asphaltmeter verdient eine *cosca*, an jedem Bauabschnitt ein Boss. Das ist die Mautgebühr, die von der 'Ndrangheta kassiert wird – von einer Mautstelle zur nächsten. Der »Freihafen« von Gioia Tauro, Umschlagplatz für Container- und Schmuggelwaren aller Art, ist weitgehend in der Hand der Familien Piromalli, Molè, Bellocco und Pesce.

In Kalabrien wurden seit 1991 achtunddreißig Gemeinderäte wegen Infiltration durch die Mafia aufgelöst (in ganz Italien sind es hundertzweiundsiebzig). Doch wie vor einigen Jahren der Antimafia-Staatsanwalt Pietro Grasso feststellte, »muss in einigen Ortschaften wie Africo, Platì und San Luca der Staat versuchen, diese Strukturen zu unterwandern«. In Kalabrien gibt es Bürgermeister, die nur vom *capobastone* Befehle entgegennehmen. Andere nehmen überhaupt keine Befehle entgegen, weil sie selbst *capobastone,* also Oberhaupt einer *'ndrina,* sind.

Die 'Ndrangheta ist eine lokale und eine globale Mafia. Sie ist mit den kolumbianischen Kartellen verflochten. Sie zählt ihr Geld nicht, sie legt es auf die Waage und rechnet den Wert dann hoch. Allein in Mailand schlagen die kalabrischen Drogenhändler jeden Monat zwanzig Kilo Kokain um. Mailand ist ihre kriminelle Kolonie. Hier gelten die Sizilianer inzwischen nicht mehr viel. Auch im Hafen von Genua haben die Kalabresen Fuß gefasst, sie mischen im Baugeschäft in Bologna mit. Im Aostatal arbeiten sie mit einem bulgarischen Clan zusammen, im Piemont waschen sie ihr Geld im Handel, in Rom in der Gastronomie und im Immobiliensektor.

Diese Mafia breitet sich überall aus. In Australien haben die kalabrischen Bosse eine eigene sechsköpfige Führungsspitze, eine Cupola, gegründet. In Spanien beherrschen sie den Drogenmarkt von Barcelona bis Gibraltar, ebenso in Deutschland, Österreich und Kanada. Ihre letzte Grenze ist Portugal, strategisch günstig an der Atlantikküste gelegen, von wo aus sie ihren Kokainhandel mit den Kolumbianern, Ecuadorianern und Bolivianern abwickeln. Die 'Ndranghetisti sind im Begriff, die ganze Welt zu kolonisieren, wohin sie auch ihre Gepflogenheiten und ihren Lebensstil exportieren – und sogar versuchen, die

Natur nachzuerschaffen, die sie in Kalabrien zurückgelassen haben.

In Reggio Calabria und San Luca markieren die *fiumare*, die Flüsse, die den Aspromonte hinunterfließen und nur nach Regen reichlich Wasser führen, die Grenzen der einzelnen *'ndrine*. Für die nach Deutschland ausgewanderten kalabrischen Familien bildet diese Grenze der Rhein, an dessen diesseitigem oder jenseitigem Ufer sie sich ansiedeln.

98. Welche Rolle spielt die Camorra in der internationalen Kriminalität?

Die Camorra als solche existiert nicht mehr. Heute gibt es nur noch das »System«. Das »System« ist der Clan, die camorristische Gruppe eines bestimmten Gebiets. Die Kriminalität Kampaniens bildet ein ganzes Netzwerk von Clans: zweihundertfünfzig sind es in der Provinz Neapel.

Diese Organisation lässt sich am schwersten in einem strengen Regelwerk erfassen. Bisher ist jeder Versuch gescheitert, ihr eine Struktur und eine hierarchische Ordnung zu geben. Ende der siebziger Jahre gründete Raffaele Cutolo die *Nuova camorra organizzata*, aber schon damals bekämpften sich die camorristischen Gruppen untereinander – Cutolos Gegner waren die sogenannten Sezessionisten – und schafften es nicht, sich eine gemeinsame Führungsspitze zu geben, eine Cupola.

Jeder Clan beherrscht sein Territorium autonom. Bei Grenzüberschreitungen kommt es zu blutigen Fehden. Die Clanchefs sterben jung. Betagte Bosse gibt es in Neapel heute kaum mehr. Doch in den letzten Jahren haben die Camorra-Gruppen diesem Chaos eine gewisse Ordnung gegeben – mit gefährlichen Konsequenzen. Die Camorra schmuggelt alles, sie hat überall ihre Finger im Spiel, bei gefälschten Markenwaren ebenso wie bei der Abfallentsorgung, im Drogenhandel und in den Kommunalverwaltungen.

Auch die kampanischen Clans sind weitweit vernetzt. In Wien und Brüssel lassen sich diverse Handelsaktivitäten auf das

System von Secondigliano, einem Stadtteil an der nördlichen Peripherie Neapels, zurückführen. An der Côte d'Azur operieren die Licciardi und Di Lauro. Der La-Torre-Clan aus Mondragone betreibt Spielkasinos in England und in Amsterdam. Francesco Schiavone, ein Cousin des gleichnamigen Clanchefs der Casalesen, Francesco »Sandokan« Schiavone, verlagerte seine wirtschaftlichen Aktivitäten nach Rumänien: Betriebe zur Produktion von Mozzarella und Büffelzucht. Die Liste der von der Camorra unterwanderten Länder ist lang. Sie umfasst Brasilien, Kuba und die Dominikanische Republik ebenso wie Kenia, Tunesien und Südafrika. Der Clan der Casalesen, ein Imperium auf einem Fleckchen Erde zwischen Casal di Principe und San Cipriano d'Aversa, ist – anders als die städtisch geprägte Camorra – als hierarchischer Familienverband organisiert. Die Casalesen sind die raffinierteste Ausprägung des neapolitanischen »Systems«.

99. Welche Regionen sind von der Mafia am stärksten unterwandert?

An erster Stelle ist Kalabrien zu nennen, gefolgt von Sizilien und Kampanien, Apulien und schließlich der Lombardei und Latium. Nach den Regionen Süditaliens, die traditionell von den drei Mafien – Cosa Nostra, Camorra und 'Ndrangheta – beherrscht werden, hielt in den letzten zehn Jahren die Lombardei den Rekord bei der Beschlagnahme und Enteignung von Mafiagütern. Vor allem in Mailand und den benachbarten Kommunen waschen die Bosse ihr schmutziges Geld. In der Lombardei haben sich die Clans schon seit jeher ausgebreitet; hier begannen die sizilianischen Mafiosi bereits in den siebziger Jahren zu investieren. Am bekanntesten sind die Ermittlungen der Staatsanwältin Ilda Boccassini zur Duomo Connection, also zur Infiltration Mailands durch die Mafia und zur politischen Protektion der Drogenbarone aus Palermo.

Latium, und insbesondere die Provinz Latina – von Fondi bis Aprilia und von Sperlonga bis Sabaudia –, wurde zum Herrschaftsgebiet der Casalesen und einiger kalabrischer *'ndrine*. Auch Rom wurde von den Kalabresen erobert. Sie betreiben Restaurants und Bars, und ihr Immobilienbesitz ist gewaltig. Doch außerhalb der Ursprungsregionen der Mafien wurde das Phänomen ihrer kriminellen Durchdringung seit jeher unterschätzt. Ihr Eroberungsfeldzug begann vor fast fünfzig Jahren mit den *confinati*, den Mafiosi, die in den sechziger Jahren in die Verbannung geschickt wurden. Und er ist bis heute nicht abgeschlossen.

Und es stimmt ja auch: Geld stinkt nicht. Bedauerlicherweise werden sich die Italiener dieser Gefahr immer erst dann bewusst, wenn es bereits zu spät ist: wenn sie selbst den Bossen zum Opfer fallen. Vorher wenden sie sich ab und tun, als ob nichts wäre.

VII Das Rätsel aller ungelösten Rätsel

100. Wer tötete Giovanni Falcone und Paolo Borsellino?

Totò Riina war der sizilianische Auftraggeber. Der italienische Auftraggeber ist bisher noch unbekannt.

Es gibt Verdachtsmomente, Spuren, die in den Staatsapparat führen. Der italienische Auftraggeber ist derselbe, der zusammen mit der Cosa Nostra die Anschläge vom Sommer 1992 in und bei Palermo und die Bombenanschläge 1993 auf dem italienischen Festland plante. Die Mafia von Corleone hatte bereits Ende 1991 beschlossen, Giovanni Falcone auf traditionelle Weise zu ermorden: mit Schusswaffen in einem Hinterhalt in Rom. Doch dann wollte der italienische Auftraggeber einen Sprengstoffanschlag, einen demonstrativen Terrorakt: ein Massaker mit TNT. Deshalb starb Falcone in Capaci und nicht schon ein paar Wochen vorher auf einer Straße in Rom bei einem für die Mafia typischen Anschlag.

Die Mafia wollte Falcone und Borsellino liquidieren. Doch was im Mai und im Juli 1992 geschah, ging über den »einfachen« Mordplan der Mafia weit hinaus. Darüber wurde viel spekuliert. Bei den Anschlägen in Capaci und in der Via D'Amelio sowie drei Jahre zuvor auf den Klippen von Addaura (bei dem gescheiterten Anschlag auf den Untersuchungsrichter Falcone) sollen Leute beteiligt gewesen sein, die nicht zur Cosa Nostra gehörten, jedoch in Abstimmung mit den Bossen die Operationen vor Ort durchführten.

Die Geschichte der Anschläge in Sizilien muss also völlig neu geschrieben werden.

Ihre eigentliche Untersuchung begann mit fast zwanzigjähriger Verspätung. Die Ermittlungen unmittelbar nach den Anschlägen wurden schlampig geführt, es wurden Spuren verwischt und falsche Fährten gelegt mit dem Ziel, Totò Riina und seine Corleoneser als die alleinigen Urheber der Massaker erscheinen zu lassen. Doch die Zusammenhänge hätte man schon damals erkennen können, wenn man die Spuren verfolgt hätte, die über die Cosa Nostra hinauswiesen. Aber das tat niemand.

In einer Reportage der Tageszeitung *La Repubblica* jedoch wurden bereits am 13. Juni 1992 Details veröffentlicht, die auf einen Zusammenhang zwischen dem missglückten Anschlag von Addaura und dem tödlichen Attentat in Capaci hindeuteten: sechs Phantombilder, die die Kripo von Palermo aufgrund von Zeugenaussagen erstellt hatte. Zeugen hatten die Kleidung der sechs an den Anschlägen beteiligten Männer, ihre Größe und ihren Körperbau sehr genau beschrieben. Auch wird berichtet, dass eines der Fahndungsbilder des Anschlags von Capaci »starke Ähnlichkeit« mit einem Phantombild aufweist, das nach dem Anschlag von Addaura drei Jahre zuvor angefertigt worden war. Offenbar war dieselbe Person an den Schauplätzen beider Attentate gesichtet worden.

Doch irgendjemand hatte es im Juni 1992 eilig, diese Meldung zu dementieren, um jeden Zusammenhang zwischen Addaura und Capaci auszuschließen. Dieses Dementi war vermutlich eine bewusste Irreführung.

Ihre Gesichter sind bekannt [...]. Beginnen wir mit dem ersten Phantombild. Der Mann ist etwa fünfzig Jahre alt, rosiger Teint, graumeliertes Haar, kräftiger Körperbau. Größe: nicht mehr als einen Meter siebzig [...]. Mehrere Zeugen erinnern sich auch an die auffällige Sportjacke des Mannes: gelb mit einem waagrechten grünen Streifen.

Das zweite Phantombild zeigt das Gesicht eines »etwa Siebenundzwanzigjährigen«, gleichfalls einssiebzig groß. Blasse Haut, dunkles Haar, schmaler Körperbau. Er trug eine dunkle Hose und ein helles Hemd.

Das dritte Phantombild: Diesmal ist das Alter des Mannes weniger präzis angegeben: »zwischen fünfundzwanzig und dreißig Jahre«, einsachtzig groß, ausgeprägt muskulöser Körperbau; kastanienbraunes Haar, dichter Schnurrbart.

Das vierte Phantombild zeigt einen Mann »in Bewegung«. Er sitzt am Steuer eines blauen Fiat Croma mit einem rechteckigen Wappen »von roter und gelber Farbe mit der Trinacria [dem Symbol Siziliens] in der Mitte«, wie es an den Autos der Region Sizilien angebracht ist. Dieser Mann ist dreißig bis fünfunddreißig Jahre alt, einen Meter fünfundsechzig groß (die Polizei verrät nicht, woher sie diese Angabe hat – der Mann saß ja am Steuer des Fiat), hat dunkles Haar, einen dichten Schnurrbart, einen ungepflegten Bart. Er trug eine Sonnenbrille und ein »hellblaues bis graues« Hemd.

Dasselbe Alter – dreißig bis fünfunddreißig – hat auch der Mann des fünften Phantombilds. Er ist knapp einsachtzig, mit kräftigem Körperbau, olivbraunem Teint, schwarzem, glattem, nach hinten gekämmtem Haar, ovalem, länglichem Gesicht und markantem Kinn, kurzem gepflegtem Schnurrbart [...]. Er trug Hose und T-Shirt.

Das letzte Phantombild zeigt einen fünfunddreißig- bis vierzigjährigen Mann, zwischen einen Meter siebzig und einen Meter fünfundsiebzig groß, mit kräftigem Körperbau, schwarzem Haar, hoher Stirn, dunklen Augen, gleichfalls mit einem schwarzen, gepflegten Schnurrbart [...]. Er trug einen grünen Overall.

Dementiert wurde ein beharrlich seit dem Vormittag umlaufendes Gerücht: dass das Phantomfoto des zweiten Mannes starke Ähnlichkeit mit einem der beiden Phantomfotos aufweist, die drei Jahre zuvor nach dem gescheiterten Anschlag auf Falcones Haus über den Klippen von Addaura erstellt wurden. Tatsächlich ähneln die beiden Gesichter einander sehr, die Angaben zu Alter und Körpergröße sind identisch, nur der Körperbau ist unterschiedlich.

La Repubblica, 13. Juni 1992

Doch die jüngsten Ermittlungen von Sergio Lari, dem Leitenden Oberstaatsanwalt von Caltanissetta (die Justizbehörde ist für die Untersuchung der Anschläge von Palermo zuständig), gehen auch den Irreleitungen bei den Nachforschungen im Zusammenhang mit Addaura nach, als versucht wurde, Giovanni Falcone mit achtundfünfzig Dynamitpatronen in die Luft zu sprengen.

Nach zwanzig Jahren muss der gesamte Ablauf jenes gescheiterten Attentats neu rekonstruiert werden, da Zeugenaussagen eine andere Wahrheit enthüllen und die Hypothese eines staatlichen Auftraggebers erhärten.

Demnach muss der Zeitpunkt des Anschlags um vierundzwanzig Stunden vorverlegt werden: Die Tasche mit dem Sprengstoff wurde nämlich nicht am 21. Juni 1989, sondern bereits am Vormittag des 20. Juni deponiert. Laut den Ermittlern waren an jenem Tag vor Falcones Haus offenbar zwei Gruppen am Werk: eine an Land, bestehend aus Mitgliedern der Mafiafamilie des palermitanischen Viertels Acquasanta und aus Agenten des Geheimdienstes; die andere auf dem Meer, auf einem gelben oder orangefarbenen Schlauchboot mit zwei Tauchern an Bord. Sie waren nicht die »Unterstützung« der ersten Gruppe, sondern sollten verhindern, dass der Sprengstoff explodierte. Über die Identität der beiden Taucher gibt es zwar keine Gewissheit, es besteht aber der begründete Verdacht, es könnte sich um Antonino Agostino und Emanuele Piazza gehandelt haben.

Antonino Agostino war offiziell Polizeibeamter im Kommissariat San Lorenzo, Palermo, in Wirklichkeit jagte er untergetauchte Mafiosi. Er wurde am 5. August 1989 zusammen mit seiner Frau Ida Castellucci ermordet, nicht einmal zwei Monate nach Addaura. Seine Mörder wurden nie dingfest gemacht. Sogar Totò Riina ordnete eine interne »Untersuchung« an, weil er wissen wollte, wer den Polizisten getötet hatte. »Auch er bekam nichts heraus«, berichtete der Mafiaaussteiger Giovan Battista Ferrante. »Er wurde getötet, weil er die Mafiaverbindungen einiger Beamter im Polizeipräsidium Palermo aufdecken wollte.

Auch seine Frau wusste davon, deshalb musste auch sie sterben«, behauptete hingegen der Kronzeuge Oreste Pagano. Bei den Ermittlungen zur Ermordung Antonino Agostinos verfolgte die palermitanische Polizei monatelang die unwahrscheinliche Spur eines »Verbrechens aus Leidenschaft«. Vor ein paar Monaten vernahm die Staatsanwaltschaft Palermo einen Polizeibeamten als Zeugen, der aussagte, Untersuchungsrichter Falcone habe ihn eines Abends im Kommissariat aufgesucht und ihm anvertraut: »Dieser Mord [an dem Polizisten Antonino Agostino] war gegen mich und gegen Sie gerichtet.«

Der zweite Taucher, Emanuele Piazza, war ein ehemaliger Polizist, der gleichfalls mit dem Geheimdienst (dem Inlandsgeheimdienst SISDE) zusammenarbeitete, um untergetauchte Mafiosi aufzuspüren. Piazza wurde am 15. März 1990 getötet. Ein Maulwurf hatte die Mafiosi darüber informiert, dass der ehemalige Polizist für den Geheimdienst tätig war. Die Bosse lockten ihn in eine Falle und erdrosselten ihn. Auch in diesem Fall konzentrierte die palermitanische Polizei ihre Untersuchungen zunächst auf eine falsche Spur, nämlich »eine Flucht des Opfers nach Tunesien in Begleitung einer Frau«. Die Ermittlungen zu beiden Morden liefen also in eine völlig falsche Richtung. Der gescheiterte Anschlag von Addaura offenbart heute erschreckende Zusammenhänge: Es scheint, dass ein Teil des Staates Falcone liquidieren, ein anderer ihn am Leben lassen wollte.

Ein Krimi innerhalb des Krimis verbirgt sich in anderen Kapiteln der Akte Addaura. Seit Monaten werden die Phantombilder der beiden Taucher gesucht, die damals den Angaben einiger Badender entsprechend angefertigt wurden. Die Zeugen befanden sich am 20. Juni 1989 in dem Strandabschnitt, wo Falcone ermordet werden sollte. Zeitungen und Nachrichtenagenturen hatten ausführlich von der Existenz dieser beiden Phantombilder berichtet. Heute erhärtet sich der Verdacht, dass sie der Staatsanwaltschaft nie übergeben wurden. Bei den Ermittlungen zum Fall Addaura scheinen die Fahnder immer tiefer in tückischen Treibsand zu geraten.

Die Affäre Addaura ist ein wichtiger Schlüssel für die Ermittlungen zu allen anderen Anschlägen in Sizilien, und es ist eine Geschichte mit zu vielen Toten.

Es starb Francesco Paolo Gaeta, ein Kleinkrimineller aus dem palermitanischen Viertel Acquasanta, der am Tag des gescheiterten Attentats zufällig die Anschlagsvorbereitungen vor Falcones Haus beobachtet hatte. Er wurde mit Pistolenschüssen niedergestreckt. Der Fall wurde als Abrechnung zwischen Drogendealern ad acta gelegt.

Es starb der Mafioso Luigi Ilardo, ein Informant des Carabinieri-Oberst Michele Riccio. Er hatte dem Oberst gesagt: »Wir wussten, dass es in Palermo einen Polizisten gab, der merkwürdige Sachen machte und sich immer an merkwürdigen Orten aufhielt. Sein Gesicht war verunstaltet. Wir haben erfahren, dass er auch in der Nähe von Villagrazia war, als der Polizist Agostino getötet wurde.« Wenige Tage, bevor er seine Aussagen zu Protokoll geben konnte, wurde Ilardo ermordet.

Ilardo musste sterben. Falcone musste sterben. Der Polizist Nino Agostino musste sterben. Der SISDE-Agent Emanuele Piazza musste sterben.

Die Jagd auf den Mann mit dem verunstalteten Gesicht ist eröffnet. Die einen sagen, man sei seiner Identifizierung sehr nahe, die anderen schwören, dass man diesen Mann niemals finden werde, weil auch er schon seit Jahren tot sei. Auch auf andere »Geheimagenten«, die mit den Bossen von Corleone in Verbindung stehen, ist die Jagd eröffnet. Da ist insbesondere einer, der einmal »Carlo«, einmal »Signor Franco« genannt wird, ein Mann der Apparate, der zwanzig Jahre lang an der Seite des ehemaligen Bürgermeisters von Palermo, Vito Ciancimino, stand und im Sommer 1992 mit ihm und Totò Riina verhandelte.

Die Geheimdienste sind also auf zwei verschiedenen Ebenen in die Anschläge verwickelt: Einerseits stehen sie im Verdacht, mit der Mafia verhandelt zu haben, andererseits, aktiv an den Attentaten beteiligt gewesen zu sein.

Wenn diese Zusammenhänge unaufgedeckt bleiben, werden

wir nie erfahren, wer Falcone und Borsellino tatsächlich er-
mordet hat und warum. Jedes Massaker in Sizilien riecht nach
Geheimdienst. Nach Geheimnissen der Mafia, die eng mit den
Geheimnissen des Staates verflochten sind.

101. Wer innerhalb des Staatsapparats hatte ein Interesse daran, die beiden sizilianischen Ermittlungsrichter zu liquidieren?

Das Motiv liegt bisher im Dunkeln, denn noch sind die politischen Akteure hinter der Strategie des Terrors unbekannt.

Vor ein paar Monaten verlangte die Staatsanwaltschaft Caltanissetta, die die Ermittlungen im Mordfall Falcone und Borsellino führt, die Freigabe einiger als geheim klassifizierter Dokumente. Die Forderung wurde dem Inlandsgeheimdienst AISI
(*Agenzia Informazioni e Sicurezza Interna*) und dem militärischen Nachrichtendienst AISE unterbreitet. Geklärt werden sollte, ob in jenen Jahren einige Polizeibeamte und Carabinieri-Offiziere auf der Gehaltsliste des Inlandsgeheimdienstes SISDE
(der im August 2007 durch AISI ersetzt wurde) oder des militärischen Nachrichtendienstes SISMI (jetzt AISE: *Agenzia Informazioni e Sicurezza Esterna*) standen und für diese Dienste ar-
beiteten. Eine parallele Untersuchung konzentrierte sich auf das
Hochkommissariat zur Bekämpfung der Mafia, einen mit Agenten durchsetzten, schwerfälligen Apparat, der seit Mitte der
achtziger Jahre in Palermo als Geheimdienstzentrale operierte.
An der Spitze dieser Behörde stand Bruno Contrada, der Weihnachten 1992 verhaftet und wegen externer Beteiligung an einer mafiaartigen Vereinigung zu zehn Jahren Haft verurteilt
wurde. Er hatte mit dem Feind, den Mafiosi, verhandelt und Abmachungen mit ihnen getroffen.

Die Ermittlungen zu den blutigen Anschlägen in Sizilien beschränken sich aber keineswegs auf Capaci und die Via D'Amelio.
Die Strategie des Terrors begann bereits Monate zuvor mit dem
Mord an Salvo Lima, Andreottis Mann in Sizilien. Nach Capaci
und der Via D'Amelio setzte sie sich fort mit der Ermordung

Ignazio Salvos und außerhalb Siziliens mit den Bombenanschlägen von 1993: am 23. Mai in der Via Georgofili in Florenz, am 27. Juli in der Via Palestro in Mailand, am 28. Juli vor der Basilika San Giovanni in Laterano und vor der Kirche San Giorgio al Velabro in Rom. Zehn Tote und einhundertsechs Verwundete. In derselben Nacht waren im Palazzo Chigi, dem Sitz des Ministerpräsidenten, die Telefonleitungen gestört – ein mysteriöser Vorfall. In jenen Monaten fand in Italien ein weiteres halbes Dutzend Anschläge statt, die jedoch scheiterten: auf den Journalisten, Regisseur und Fernsehmoderator Maurizio Costanzo und auf das Olympiastadion, bei dem mindestens hundert Carabinieri hätten sterben sollen; Bomben und Sprengsätze wurden in Saxa Rubra und in mehreren italienischen Städten gelegt. Zwei Mafiaaussteiger erzählten von einem Plan, den Schiefen Turm von Pisa in die Luft zu sprengen und den Strand von Rimini mit HIV-verseuchten Spritzen zu übersäen.

Totò Riina und die Corleoneser galten über Jahre hinweg als alleinverantwortlich für die Blutbäder in Palermo und ganz Italien. Aber die Strategie der Spannung (der Plan, das Land mit Attentaten zu destabilisieren, um den Italienern Angst einzujagen und in der Öffentlichkeit Panik und Unsicherheit zu schaffen), die sich nicht auf Sizilien begrenzte, hatte mit der Cosa Nostra und ihrer Vorgehensweise wenig zu tun. Das vermuteten die Ermittler bereits zu Beginn ihrer Untersuchungen. »So etwas lag nicht in unserer DNA«, erklärte 2010 auch Gaspare Spatuzza, der 2008 sein Schweigen brach und mit der Justiz zusammenarbeitete. Er war ein Killer im Auftrag der Brüder Graviano aus dem palermitanischen Viertel Brancaccio gewesen, die Totò Riina treu ergeben waren.

Befragt von den Staatsanwälten in Florenz, die zu den Anschlägen auf dem italienischen Festland 1993 ermitteln, sprach Spatuzza von einer Verwicklung Silvio Berlusconis und Marcello Dell'Utris in diese Anschläge. Sie seien die »politischen Gewährsleute« der Cosa Nostra gewesen, so hätten es ihm die Bosse gesagt.

Die rechte Hand Berlusconis wurde bereits Ende 2004 in Palermo zu neun Jahren Haft wegen externer Beteiligung an einer mafiaartigen Vereinigung verurteilt. Dell'Utri pflegte eine brisante Freundschaft zu den Bossen der Cosa Nostra und wurde im Juni 2010 vom Berufungsgericht für die Zeit vor 1992 erneut zu sieben Jahren Haft verurteilt. Für die Zeit nach 1992 wurde er freigesprochen, aber die Staatsanwaltschaft Palermo geht hier in die Berufung. Unterdessen gerieten er und Berlusconi wieder ins Fadenkreuz der Ermittler in Florenz.

> Unter dem Verdacht der »Mitwirkung bei Anschlägen« wurden schon im Sommer 1996 gegen Silvio Berlusconi und Marcello Dell'Utri Ermittlungen der Staatsanwaltschaft Florenz eingeleitet. Sie wurden unter den Codenamen Autore 1 und Autore 2 geführt, 1998 jedoch eingestellt.
> Im selben Jahr 1998 nahm die Staatsanwaltschaft Caltanissetta im Zusammenhang mit dem Anschlag von Capaci Ermittlungen gegen Berlusconi und Dell'Utri auf, diesmal unter den Codenamen Alfa und Beta – und wegen des Verdachts auf »Mittäterschaft bei Anschlägen mit terroristischer Absicht«. »Wegen Brüchigkeit der Indizien« wurden zwei Jahre später auch diese Ermittlungen eingestellt.
> *Aus dem Beschluss zur Einstellung des Verfahrens, erlassen am 14. November 1998 durch den Untersuchungsrichter Giuseppe Soresina in Florenz, und aus dem Beschluss zur Einstellung des Verfahrens, erlassen am 3. Mai 2002 durch den Untersuchungsrichter Giovan Battista Tona in Caltanissetta*

102. Ist Berlusconi ein Freund der Mafia?

Für seine enge Verbindung zu Marcello Dell'Utri, der ab Mitte der siebziger Jahre und vielleicht schon vorher zu vielen Bossen der Cosa Nostra eine enge Beziehung pflegte, erhält Berlusconi jetzt die Quittung. Hinzu kommt, dass seit nunmehr zwanzig Jahren unklar ist, woher sein Kapital zum Aufbau seines unternehmerischen Imperiums eigentlich stammte und wie alles begann. Er selbst hat sich nie klar dazu geäußert. Die

Gelegenheit hatte er am 26. November 2002, als er von den Staatsanwälten aus Palermo im Palazzo Chigi, dem Sitz des Ministerpräsidenten, vernommen wurde. Damals zog er es vor, »von seinem Recht Gebrauch zu machen, die Aussage zu verweigern«.

Seit 1993 kursieren immer wieder Gerüchte über schmutzige Gelder aus Sizilien, mit denen angeblich die Trabantenstadt Milano 2 finanziert worden sei. Ermittlungen wurden begonnen und wieder eingestellt. Aussagewillige Mafiosi tauchten auf und verschwanden wieder. Seit zwanzig Jahre schwelt der Verdacht, und bis heute ist in der Frage der Beziehungen zwischen Berlusconi und der Mafia das letzte Wort noch nicht gesprochen.

In all den Jahren ist es den Justizbehörden nicht gelungen, definitive Erkenntnisse zu gewinnen. Und Berlusconi hat nie stichhaltige Beweise vorgelegt, die ihn von dem Vorwurf der Beziehungen zur Cosa Nostra entlasten könnten.

103. Warum wurde Berlusconi mit den Anschlägen von 1993 in Verbindung gebracht?

Die Hintermänner dieser Anschläge verfolgten zwei Ziele.

Erstens wollten sie Berlusconi in diese Bombenattentate hineinziehen und machten sich dabei die Tatsache zunutze, dass sein Freund Marcello Dell'Utri mit der palermitanischen Mafia in Beziehung stand. Und zweitens sollte der Cosa Nostra nach den Anschlägen die Deckung entzogen werden. Meiner Ansicht nach wurde die sizilianische Mafia für diese Anschläge benutzt und danach ihrem Schicksal überlassen: lebenslangen Freiheitsstrafen, einem Leben hinter Gittern.

Wir kennen die Drahtzieher dieser Anschläge nicht, aber wahrscheinlich wollten sie den Führer der Partei Popolo della libertà, in der sich 2008 *Forza Italia* und Alleanza Nazionale unter Berlusconi zusammengeschlossen haben, in Schach halten und sich gleichzeitig der Corleoneser entledigen. Die Bosse aus Corleone waren mehr als zwanzig Jahre lang geschützt und zu Anschlägen gegen staatliche Institutionen herangezogen worden, bevor man sie als Gegner betrachtete, die man zerschlagen und liquidieren musste. Totò Riina und seine Gefolgsleute wurden ab 1993 zuerst geschützt und dann geopfert – so wie fünfzehn Jahre vorher die alteingesessenen Familien der Cosa Nostra, die Bontate und Inzerillo, zuerst geschützt und dann geopfert worden waren. Jede Epoche der italienischen Geschichte braucht ihre Mafia – bisweilen eine unauffällige und unsichtbare Mafia, bisweilen eine aggressive und gefährliche.

Mit seinem Einstieg in die Politik (der berühmten *discesa in campo*) 1994 geriet auch Silvio Berlusconi in dieses Räderwerk. Stets stand er im Ruch von Mafiakontakten. Stets war er eine Zielscheibe für Vorwürfe mehr oder weniger aufrichtiger, mehr oder weniger manipulierter Mafiaaussteiger. Stets stand er im Verdacht, Mafiagelder aus Palermo entgegengenommen oder mit den Bombenanschlägen zu tun gehabt zu haben, die am Vorabend der Gründung seiner Partei Forza Italia explodierten – einer Partei, die das Schicksal Italiens für immer verändern sollte.

104. Warum wurde ein Ermittlungsverfahren wiederaufgenommen, das siebzehn Jahre zuvor eingestellt worden war?

Die sizilianischen Staatsanwälte entdeckten, dass in einigen Fällen die Ermittlungen in eine falsche Richtung gelenkt worden und damit fehlerhaft waren. Falsche Kronzeugen, die Einflüsterungen folgten, Zeugen, die sich selbst beschuldigten, manipulierte Ermittlungen, verschwundene Beweismittel, Mafiosi, die keine Anschläge verübt hatten, gleichwohl aber zu lebenslangen Freiheitsstrafen verurteilt wurden, wie es nach Paolo Borsellinos Ermordung geschah. In anderen Fällen waren die Ermittlungen nicht weit genug gegangen, sei es vorsätzlich, sei es aus Nachlässigkeit. Dann plötzlich tauchten zwei Zeugen auf, die die Karten des Spiels neu mischten: Gaspare Spatuzza, wie beschrieben ein Mafioso aus Brancaccio im Dienst der Brüder Giuseppe und Filippo Graviano, und Massimo Ciancimino, der Sohn des ehemaligen Bürgermeisters von Palermo.

Ob die beiden Kronzeugen tatsächlich einen Durchbruch bei den Ermittlungen bewirken können oder ob sie im Gegenteil neue Störelemente einbringen, kann man noch nicht abschließend sagen. Für die Mafia braucht man einen langen Atem. Aber offenkundig erzählen die beiden eine glaubwürdige Geschichte, auch wenn ihre Aussagen nicht immer durch belastbare Beweise gestützt werden. Wir haben nur ihr Wort. Und es bleiben nach wie vor starke Zweifel bezüglich der Frage, warum sie erst nach so vielen Jahren mit ihrer Wahrheit herausrücken. Massimo Ciancimino steht wegen Sprengstoffbesitz in Palermo unter Hausarrest. In Caltanissetta laufen Ermittlungen gegen ihn wegen Verleumdung, weil er den Ex-Polizeichef Gianni De Gennaro als »Signor Franco« identifizierte, eine mysteriöse Figur der Geheimdienste, der mindestens zwanzig Jahre lang Kontakt zu seinem, Cianciminos, Vater hatte.

Sein Boss war Giuseppe Graviano, den er »Madre Natura« (Mutter Natur) nannte und dem er fünfundzwanzig Jahre seines Lebens opferte. Gaspare Spatuzza war ein Killer. Er verübte vierzig Morde, war an sechs Anschlägen beteiligt und wurde an dem Tag zum »Ehrenmann«, an dem »Madre Natura« ihn zum Bezirkschef (*capomandamento*) von Brancaccio ernannte. Im Frühsommer 2008 entschloss er sich auszupacken. Seit Spätsommer 1993 ist Spatuzza ein gottesfürchtiger Mensch – seit dem Mord an Don Pino Puglisi, an dem er als Auftragskiller beteiligt war. Im Gefängnis verbrachte er schlaflose Nächte und las *Die fünf großen Weltreligionen* von Emma Brunner-Traut und *Dio uno e trino* (»Der eine und dreifaltige Gott«) von Piero Coda. Er sagt, er habe nur einen Wunsch: »das Böse zu bannen«, das er so lange in sich trug. »Madre Natura« befahl, und er gehorchte. Und tötete.

La Repubblica, *27. November 2009*

Mit seinen Aussagen zum Attentat auf Paolo Borsellino gewann der Mafiaaussteiger Spatuzza Glaubwürdigkeit. Er behauptete, er habe den Fiat 126 gestohlen, in dem die Autobombe in der Via D'Amelio versteckt wurde. Damit bezichtigte er Vincenzo Scarantino der Lüge. Scarantino hatte siebzehn Jahre zuvor ausgesagt, er habe das Auto gestohlen und mit dem Sprengsatz in die Via D'Amelio gefahren.

Die Geschichte ist aus mehreren Gründen verblüffend. Spatuzza und Scarantino schildern die Vorbereitung des Anschlags in der Via D'Amelio auf identische Weise, nur dass jeder von ihnen behauptet, er selbst sei beteiligt gewesen. Die ermittelnden Staatsanwälte von Caltanissetta suchten ein Jahr lang nach Belegen für die beiden Versionen und befanden schließlich Spatuzza für glaubwürdig. Jetzt untersuchen sie, wer den falschen Kronzeugen Scarantino »aufgebaut« und der Polizei von Palermo in die Hände gespielt hat, um die Ermittler von Anfang an in die Irre zu führen. Scarantino nannte zwar der Polizei ein paar Namen, ließ aber die Suche nach Borsellinos Mördern letztlich ins Leere laufen.

Nach den Enthüllungen Spatuzzas muss der Prozess zum Anschlag in der Via D'Amelio, in dem fünf Angeklagte aus der zweiten Reihe der Cosa Nostra rechtskräftig verurteilt wurden, teilweise neu aufgerollt werden.

Aber Spatuzza äußerte sich nicht nur zum Attentat auf Borsellino, sondern auch zu den Brüdern Graviano und ihren Machenschaften in Mailand. Kurz vor dem Anschlag, den Spatuzza im Januar 1994 auf das Olympiastadion in Rom verüben sollte, vertraute ihm sein Boss Giuseppe Graviano an, »alles sei zu einem guten Ende gekommen [...], wir hätten bekommen, was wir wollten. Dann nannte er den Namen Berlusconi und bestätigte mir auf meine Frage, es sei der von Canale 5; es gebe da auch einen Landsmann von uns, und er nannte mir den Namen Dell'Utri. Und dann sagte er: ›Jetzt haben wir das Land in unserer Hand.‹«

Jetzt wurden die Ermittlungen zu den Anschlägen auf dem italienischen Festland wiederaufgenommen, ebenso die Untersuchung des tödlichen Anschlags auf Paolo Borsellino. Sagt Spatuzza die Wahrheit? Und falls er ganz oder teilweise die

Wahrheit sagt – hat er sich aus freien Stücken entschlossen zu reden, oder wurde er von den Brüdern Graviano geschickt?

Die zweite Schlüsselfigur in dieser Angelegenheit trägt den gewichtigen Namen Ciancimino. Massimo Ciancimino ist der Sohn des ehemaligen Bürgermeisters von Palermo, Don Vito Ciancimino, eines Mafioso aus Corleone, der bis zu seinem Tod am 19. November 2002 ein Hauptakteur der sizilianischen Politik war.

> Um ihn zu bestrafen, kettete ihn sein Vater an und sperrte ihn allein zu Hause ein, oft stundenlang. Massimo Ciancimino, für seine Freunde Massimuccio, war ein rebellisches Kind. Die Erinnerungen des jüngsten Kindes des zur Mafia gehörenden Bürgermeisters von Palermo, des Lebemanns und Draufgängers Massimo, der die Dolce vita, Luxus und den Jetset, Yachten, Ferraris, Villen und Geld liebte, bergen die letzten Geheimnisse Siziliens. Massimo Ciancimino hat die Geheimnisse seines Vaters bisher für sich behalten. Jetzt lässt er Palermo erzittern. *La Repubblica, 13. Januar 2010*

Mit seinen Aussagen, die er Mitte 2008 in Palermo gegenüber den Staatsanwälten Antonio Ingroia und Antonino Di Matteo machte, löste er in den Justizbehörden ein wahres Erdbeben aus. Ingroia und Di Matteo ermitteln zu den Verhandlungen zwischen der Cosa Nostra und dem Staatsapparat, die schon vor den Anschlägen begonnen hatten und danach weitergingen.

Massimo Ciancimino enthüllte die Hintergründe einer Reihe von Absprachen zwischen den Corleonesern und Beamten der Carabinieri-Sondereinheit ROS (Raggruppamento operativo speciale), insbesondere General Mario Mori und Carabinieri-Hauptmann Giuseppe De Donno. Er erzählte von Totò Riinas mysteriöser Festnahme, die angeblich von Bernardo Provenzano eingefädelt worden war. Er sprach über die Kontakte seines Vaters zu den Geheimdiensten, die dieser selbst dann noch aufrechterhielt, als er unter Hausarrest stand. Und schließlich übergab er den Staatsanwälten von Palermo das berühmte »Papello«, das Blatt mit den Forderungen, die Totò Riina über General Mori (der dies jedoch stets bestritt) an geheimnisvolle Empfänger übermittelte.

Um den Attentaten ein Ende zu setzen und weitere Opfer zu verhindern, soll Totò Riina den italienischen Staat mit einem Forderungskatalog erpresst haben – auf einem weißen Blatt Papier mit wenigen, in Blockschrift geschriebenen Zeilen: insgesamt zwölf Forderungen, die die Mafia nach der Ermordung Falcones und vor der Ermordung Borsellinos erhob (also zwischen dem 23. Mai und dem 19. Juli 1992).

Das Papello ist (neben den berühmt-berüchtigten *pizzini*, den »Zettelchen« Bernardo Provenzanos) eines der ersten Beispiele für »schriftliche« Dokumente einer Mafia, die über Generationen hinweg ihr Wissen nur mündlich weitergegeben hatte. Auch hierin zeigt sich, wie sehr sich die Cosa Nostra mittlerweile verändert hatte.

1) Revision des Urteils im Maxi-Prozess
2) Aufhebung des Gesetzesdekrets 41 b
3) Revision des Rognoni-La Torre-Gesetzes
4) Reform der Kronzeugenregelung
5) Vergünstigungen für Aussteiger – Rote Brigaden – auch für Verurteilte wegen Mitgliedschaft in der Mafia
6) Hausarrest für über Siebzigjährige
7) Schließung der Hochsicherheitsgefängnisse
8) Inhaftierung in der Nähe des Wohnsitzes der Familie
9) Keine Zensur der Korrespondenz mit den Angehörigen
10) Keine Beschlagnahme des Familienvermögens
11) Verhaftung nur auf frischer Tat
12) Aufhebung der Benzinsteuer wie in Aosta
Dokument der trattativa, *der Verhandlungen zwischen der Mafia und dem Staat, das Massimo Ciancimino am 29. Oktober 2009 dem Oberstaatsanwalt von Palermo, Antonio Ingroia, übergab*

Diese zwölf Punkte, die in nuce die Geschichte des Sommers 1992 in Sizilien erzählen, enthalten die absurden Forderungen Totò Riinas und zeigen, dass es für Teile des Staates ganz normal war, mit der Mafia zu verhandeln. All das muss vor dem Hintergrund der Ermordung Paolo Borsellinos gesehen werden. Die Ermittlungshypothese ist klar: Der Staatsanwalt hatte entdeckt, dass es solche Verhandlungen gab, und musste sterben, weil man ihn als ein Hindernis auf dem Weg zu diesen Abkommen betrachtete.

Massimo Ciancimino legte auch die Beziehungen seines Vaters zu »Ingenieur Lo Verde« alias Bernardo Provenzano offen, dem Boss, der zwischen September 1963 und dem 11. April 2006 im Untergrund lebte. Vito Ciancimino und Provenzano trafen sich regelmäßig in Sizilien oder auch in Rom, in der schönen Wohnung an der Spanischen Treppe, wo der Ex-Bürgermeister seine letzten Lebensjahre verbrachte. Die Aussagen seines Sohnes sind auch für den Prozess gegen General Mario Mori, den ehemaligen stellvertretenden Kommandanten der Carabinieri-Sondereinheit und späteren Chef des Inlandsgeheimdienstes SISDE in Palermo, relevant. Er wird beschuldigt, den untergetauchten Bernardo Provenzano gedeckt zu haben. Der General, der schon vorher im Verdacht stand, am 15. Januar 1993 das Versteck Riinas nicht durchsucht zu haben (aus diesem Grund wurde das Hauptverfahren wegen Begünstigung gegen ihn eröffnet, er wurde aber freigesprochen), steht auch wegen Begünstigung vor Gericht, weil er am 31. Oktober 1995 Provenzano in einem Landhaus in Mezzojuso nicht verhaften ließ. Auch im Zusammenhang mit den Verhandlungen zwischen Mafia und Staat wird gegen Mori ermittelt.

105. Nicht durchsuchte Verstecke und jahrelange Unauffindbarkeit: Wer hat die Mafiabosse gedeckt – und warum?

Die Abmachungen zwischen der Cosa Nostra und den Apparaten reichen weit in die Vergangenheit zurück, in die Zeit der Landung der alliierten Truppen in Sizilien. Aber was nach den Attentaten 1992 und 1993 geschah, liegt bis heute im Dunkeln. Riinas Versteck zum Beispiel. Es wurde unter den Augen von Oberstaatsanwälten, Präfekten, Carabinieri-Generälen, Polizeichefs und Richtern von vier Mafiosi komplett ausgeräumt. Am 15. Januar 1993, dem Tag, an dem Totò Riina ins Gefängnis kam, vollzog sich in Palermo das größte Täuschungsmanöver, das es im Kampf der Justizbehörden gegen die Cosa Nostra je gegeben hatte. Die Chronik der Ereignisse spricht eine deutliche Sprache.

Wenige Minuten nach Riinas Verhaftung auf dem Viale Lazio, ein paar hundert Meter von dem Haus entfernt, wo er sich mit Frau und Kindern verschanzt hatte, begannen die beiden Carabinieri-Offiziere Domenico Minicucci und Andrea Brancadore und der mit den Ermittlungen beauftragte Staatsanwalt Luigi Patronaggio mit der Durchsuchung der Villa, die Riina als Versteck gedient hatte. Diese Durchsuchung wurde auf Befehl General Moris gestoppt. Der General und Gian Carlo Caselli, der kurz zuvor die Leitung der Staatsanwaltschaft Palermo übernommen hatte, hatten beschlossen, die Tatortbesichtigung zu verschieben. Es sei besser, die Villa zu überwachen, um weitere Bosse festnehmen zu können. Neunzehn Tage lang versicherte der General Caselli und den anderen Staatsanwälten, das Haus werde »lückenlos und rund um die Uhr überwacht«. In Wirklichkeit zogen Moris Leute nur wenige Stunden nach Riinas Festnahme ab – und damit konnten Tage später einige Bosse ungestört ins Haus eindringen und es komplett ausräumen. Es besteht der Verdacht, dass irgendjemand Totò Riinas Geheimarchiv beiseitegeschafft hat.

Sie haben mit dem Staubsauger alle Spuren verwischt, sie haben Kleider, Dokumente und die wichtigsten Sachen fortgeschafft. Sie haben die Wände gestrichen und den Tresor aus der Wand geholt und gleichfalls fortgeschafft und das Loch wieder zugemauert, so dass nichts mehr zu sehen war. Es wurde beschlossen, Riinas Angehörige aus dem Haus wegzubringen und alles zu vernichten, was auf die Anwesenheit Onkel Totòs schließen ließ [...]. Es wurden Wände niedergerissen und neue hochgezogen.

Aussage des Mafioso Gioacchino La Barbera im Prozess zur nicht durchgeführten Durchsuchung von Totò Riinas Versteck; Hochsicherheitsgerichtssaal des römischen Gefängnisses Rebibbia, 18. November 2005

In einem Tresor hatte Riina Geld, Dokumente, Notizen, Abrechnungen und notarielle Unterlagen aufbewahrt. Ich kenne zwar nicht den genauen Inhalt, weiß aber, dass es zu der Zeit immer um die Vergabe öffentlicher Aufträge und um Drogenhandel ging. Sie wollten alle Spuren beseitigen, die auf ihn hindeuteten.

Aussage des Mafioso Giovanni Brusca im Prozess zur nicht durchgeführten Durchsuchung von Totò Riinas Versteck; Hochsicherheitsgerichtssaal des römischen Gefängnisses Rebibbia, 18. November 2005

Warum wurde das Haus nicht durchsucht, in dem sich der Boss der Bosse der Cosa Nostra versteckt hielt? »Ein Missverständnis«, rechtfertigte sich General Mori. Es war eine Abmachung, sagen heute, Jahre später, die Staatsanwälte von Palermo, die zu den Geheimverhandlungen zwischen Mafia und Staat ermitteln. Riinas Festnahme im Tausch gegen die Unterlagen in seinem Versteck. Und im Tausch gegen die Unantastbarkeit des untergetauchten Bernardo Provenzano.

Als das »Missverständnis« ans Licht kam, schrieb Staatsanwalt Caselli einen Protestbrief an den Generalkommandeur der Carabinieri. Aber Mori wurde für sein Handeln nie zur Rechenschaft gezogen. Es bedurfte erst mehrerer Zeitungsartikel und eines Kronzeugen, bevor Ermittlungen aufgenommen wurden. Viele wandten den Blick auch diesmal ab. Es lag auf der Hand, dass die Festnahme Totò Riinas ein Geheimnis barg. Aber die offizielle Antimafia, auch innerhalb der Justiz, ignorierte dieses Geheimnis lange Zeit.

Der Verzicht auf die Durchsuchung der Villa des Bosses wurde später mit dem Verzicht auf die Festnahme Bernardo Provenzanos in Verbindung gebracht. Dies war Phase zwei der Verhandlungen zwischen der Mafia und dem Staat. Die erste Phase waren die Verhandlungen mit Totò Riina zur Beendigung der blutigen Anschläge gewesen. In der zweiten Phase (nach der von Provenzano eingefädelten Festnahme Riinas) ging es darum, mit einer Cosa Nostra ohne blutige Anschläge die Ordnung in Sizilien wiederherzustellen. Dies ist die Ermittlungshypothese, mit der die Staatsanwälte von Palermo seit mehr als zwei Jahren arbeiten.

Zunächst schien es, als seien die einzigen Akteure dieses Plans ein paar Offiziere der Carabinieri-Sondereinheit ROS unter Federführung von General Mori und Hauptmann De Donno. In Wahrheit waren sehr viel mehr Leute aus den Apparaten an diesen Verhandlungen beteiligt – Agenten der Geheimdienste, die jeden Schritt der Cosa Nostra kannten und vor und während der Anschläge Kontakt zu den Bossen von Corleone hielten. Heute ist es nicht gewagt, eine andere Hypothese zu äußern: dass nicht die Carabinieri-Sondereinheit die Operation zur Aushebung des Verstecks von Totò Riina leitete, sondern dass auch sie, die Carabinieri des ROS, entgegen ihrer eigenen offiziellen Darstellung nur Befehlsempfänger waren und höhere Stellen im Sinne einer wie auch immer gearteten Staatsraison das Kommando führten.

Ermittelt wird auch zum Verzicht auf die Festnahme Bernardo Provenzanos. Der Boss von Corleone ging erst dann ins Netz, als die Fahnder – erstmals – beschlossen, für ihre Ermittlungen keine Telefon- und akustische Raumüberwachung einzusetzen, da sie in den entsprechenden Telecom-Einrichtungen undichte Stellen vermuteten. Der stellvertretende Polizeipräsident Renato Cortese konnte den Boss erst nach einer Sichtung mit dem Fernglas in aller Heimlichkeit festnehmen, ohne dass Informationen über diese Operation über den engsten Kreis seiner Einsatztruppe hinausdrangen. Das ist ein weiteres großes Rätsel.

Massimo Ciancimino, der Sohn des Ex-Bürgermeisters von Palermo, behauptet, neben seinem Vater habe auch Senator Marcello Dell'Utri Kontakt zu dem untergetauchten Provenzano gehabt; und beim Bau der Trabantenstadt Milano 2 seien Gelder der Cosa Nostra eingesetzt worden. Berlusconis Partei Forza Italia, so Ciancimino weiter, sei das Ergebnis von Verhandlungen zwischen der Mafia und dem Staat. Eine ganze Lawine von Enthüllungen. Alles wahr? Alles falsch? Aus den Tiefen Palermos tauchen die Geister der Vergangenheit auf.

Auch das Rätsel einer anonymen Botschaft ist in Palermo noch nach all den Jahren ungelöst. Bis heute unbekannt ist der Verfasser eines achtseitigen Briefes, der in der Zeit zwischen der Ermordung Falcones und der Borsellinos geschrieben wurde. Darin taucht erstmals das Wort *Vereinbarung* (*accordo*) auf. Und erstmals wird das Szenario von Verhandlungen zwischen Mafia und Staat beschrieben. Ein *papello* im wahrsten Sinn des Wortes, das älter ist als der Brief Totò Riinas.

Der anonyme Brief wurde an neununddreißig Adressaten geschickt: an den Quirinalspalast, den Sitz des Staatspräsidenten, ebenso wie an die Chefredakteure italienischer Tageszeitungen, an einige Oberstaatsanwälte und an den Polizeichef. Keiner nahm ihn wirklich ernst. Heute wird der Brief in die Ermittlungen zu den Anschlägen einbezogen und entsprechend den Erkenntnissen bewertet, die in den letzten Monaten über den Pakt zwischen den Corleonesern und den Polizeiapparaten gewonnen wurden. Auf diesen acht Seiten ist bereits vieles festgehalten: das Motiv für die Ermordung Salvo Limas und auch die Geschichte, wie der Anschlag von Capaci Giulio Andreottis Aufstieg in das Amt des Staatspräsidenten vereitelte.

Aus der Zeit der blutigen Anschläge in Sizilien gibt es viele solche Spuren: Telefonate der Bosse mit Geheimdienstbehörden; Briefe mit den Telefonnummern von Leitern der Sicherheitsapparate, die an den Schauplätzen der Verbrechen gefunden wurden; Kontakte von Experten zur Abwehr gegen Lauschangriffe mit mutmaßlichen Attentätern; das rote Notizbuch, in dem Paolo Borsellino wichtige Informationen und Termine festhielt und das kaum eine Stunde nach dem Anschlag spurlos verschwand.

Protagonist des letzten Kapitels des sizilianischen Intrigengeflechts ist Totò Riina. Im Juli 2009 erzählte er erstmals von den Anschlägen der Jahre 1992 und 1993. Zur Ermordung Borsellinos bemerkte der Boss der Bosse: »Den haben sie umgebracht.« Er meinte die Leute aus den Apparaten. Und dann fügte er hinzu: »Schaut nicht immer nur auf mich, schaut auch bei euch selber.« Das hatte schon Paolo Borsellino prophezeit: »Sie werden mich töten, aber es wird keine Rache der Mafia sein, die Mafia rächt sich nicht. Vielleicht werden es Mafiosi sein, die mich physisch töten, aber meinen Tod gewollt werden andere haben.«

Sizilien war schon immer Schauplatz tödlicher Anschläge. Schauplatz von Blutbädern der Mafia. Blutbädern des Staates wie jenem von Portella della Ginestra. Blutbädern um Brot. Blutbädern um Land. Blutbädern um Wasser. Und schließlich auch von Blutbädern, die erstmals die terroristische Ader der corleonesischen »Familien« offenbarten. Von Blutbädern mit einem sizilianischen und einem italienischen Auftraggeber.

Personenverzeichnis